本书受吉林财经大学以及国家自然科学基金青年项目
"本体安全感威胁对个体仪式感消费的影响机制研究——基于意义维持模型的理论视角"
（项目批准号：72202084）资助

本体安全感
与居民典型消费行为

Ontological Security
and Typical Consumption Behavior of
Residents

宋 伟 著

社会科学文献出版社
SOCIAL SCIENCES ACADEMIC PRESS (CHINA)

摘　要

　　本体安全感是指人对自己所在生存环境的稳定性和自我认同连续性的感知。当个体感觉到他们所生存的环境是有秩序的、稳定的、可以预测的时候，他们便会感知到一种自身存在的安全感。近些年来，全球生态与环境问题加剧、流行病频发、日本排放核废水和俄乌冲突等突发事件在局部或者全球范围内给居民的本体安全感造成了威胁。这种威胁不仅会冲击居民原有的生活方式，破坏居民的秩序感和意义感，也会对他们的心理产生不同程度的影响，进而影响其消费行为。

　　在本体安全感缺乏的状态下，居民会呈现很多典型的消费行为，有些消费行为可以帮助居民应对本体安全感威胁，而有些消费行为不仅不会帮助居民应对本体安全感威胁，还会带来某些消极的影响。为了更好地把握本体安全感对居民消费行为的影响，帮助其通过积极的消费行为应对本体安全感威胁，本书选取从众消费、稀缺性消费、健康消费、体验消费和仪式感消费五种本体安全感威胁下居民的典型消费行为作为研究对象，通过理论分析和实证研究相结合的方法来探究本体安全感对居民消费行为的影响。本书的研究内容还有助于扩展消费者行为学领域对本体安全感的研究问题、深化该领域的研究基础、为该领域的研究提供更加丰富的资料。

　　本书的前两章是理论研究部分。第一章主要对本书的研究背景、研究意义和研究内容进行了介绍，后续的章节是在这一章所定位的框架下展开的。第二章主要是对本体安全感的概念、本体安全感威胁的研究现状以及研究不足进行一个统揽性介绍。第三章选取恐惧管理理论、补偿控制理论、风险感知理论和意义维持模型作为本书五种典型消费行为研究的理论基础，并详细介绍了实证研究的具体方法。本书的第四章、第五章、第六章和第七章是实证研究部分。第四章基于本体安全感与居民从众消费研究的文献梳理，从理论角度分析了本体安全感对居民从众消费的影响，并通过实证检验的方式分析了本体安全感对居民从众消费影响的心理机制和边界条件。第五章、第六章和第七章均以相同的写作结构和逻辑分别展开对居民稀缺性消费、健康消费和体验消费的研究。第八章基于本体安全感与居民仪式感消费研究的文献梳理，从理论角度分析了本体安全感对居民仪式感消费的影响，并对其研究思路进行了详细阐述。第九章对以上研究的结论进行了综合性的讨论，并且展望了未来相关领域研究的方向。

Abstract

Ontological security refers to people's perception of their living environment's stability and the continuity of self-identity. When individuals feel that the environment in which they live is orderly, stable, and predictable, they feel an security of their own existence. In recent years, intensifying ecological and environmental problems, frequent global epidemics, Japan's discharge of nuclear wastewater , the Russia-Ukraine conflict and other emergencies have brought strong threats to residents' ontological security at local or global scales. Ontological security threat will not only impact the residents' original way of life and break their sense of order and meaning, but also have different degrees of impact on their psychology and thus affect their consumption behavior.

Under the threat of ontological security, residents will show many typical consumption behaviors. Some consumption behaviors can help residents cope with the ontological security threat, while some consumption behaviors will not help residents cope with ontological security threat, but also bring some negative effects. In order to better grasp the impact of ontological security threat on residents' consumption behavior and help them cope with ontological security threat through active consumption behavior, this book selects conformity consumption, scarcity consumption, health consumption, experiential consumption and ritualistic consumption as typical consumption behaviors of residents under ontological security threat. The influence of ontological security threat on residents' consumption behavior was explored by combining theoretical analysis and empirical research. The research content of this book will also help to expand the research questions on ontological security threat in the field of consumer behavior, deepen the research foundation in this field, and provide more abundant data for the research in this field.

The first two chapters of the book concern theoretical research. The first chapter mainly introduces the research background, value and content of this book and the subsequent chapters are carried out under the framework of this chapter. The second chapter is about ontological security and consumer behavior research overview. This chapter mainly introduces the concept of ontological security, the research status of ontological security threat and research gaps in existing literature. The third chapter is about theoretical basis and empirical study methods. This chapter chooses fear management theory, compensation control theory, risk perception theory and meaning maintenance model as the theoretical basis for the study of five typical consumer behaviors in this book, and introduces the specific methods of empirical study in detail. Chapters four, five, six and seven of this book concern empirical research. Based on the literature review of ontological security threat and residents' conformity consumption, chapter four analyzes the impact of ontological security on residents' conformity consumption from a theoretical perspective, and analyzes the psychological mechanism and boundary conditions of the impact of ontological security on residents' conformity consumption through empirical testing. Chapter five, chapter six and chapter seven are studied with the same writing structure and logic. The eighth chapter is about ontological security and ritualistic consumption. Based on the literature review of ontological security threat and residents' ritualistic consumption, this chapter analyzes the impact of ontological security on residents' ritualistic consumption from a theoretical perspective, and elaborates its research ideas. The ninth chapter is about summary and prospect. In the last chapter, we comprehensively discuss the conclusions of the above studies and look forward to future research direction in related fields.

目　录

第一章　绪论 …………………………………………………………… 001

　第一节　研究背景 …………………………………………………… 001

　第二节　研究意义 …………………………………………………… 002

　第三节　研究内容 …………………………………………………… 005

第二章　本体安全感研究概览 ……………………………………… 012

　第一节　本体安全感的概念 ………………………………………… 012

　第二节　本体安全感威胁的研究综述 ……………………………… 014

　第三节　已有文献的研究不足 ……………………………………… 021

第三章　理论基础与实证研究方法 ………………………………… 023

　第一节　本体安全感研究的理论基础 ……………………………… 023

　第二节　实证研究的方法 …………………………………………… 049

第四章　本体安全感与居民从众消费 ……………………………… 073

　第一节　本体安全感与居民从众消费研究的文献述评 …………… 073

　第二节　本体安全感对居民从众消费影响的理论分析 …………… 081

　第三节　本体安全感对居民从众消费影响的实证检验 …………… 083

第五章　本体安全感与居民稀缺性消费 …………………………… 092

　第一节　本体安全感与居民稀缺性消费研究的文献述评 ………… 092

第二节　本体安全感对居民稀缺性消费影响的理论分析⋯⋯⋯⋯⋯ 098

第三节　本体安全感对居民稀缺性消费影响的实证检验⋯⋯⋯⋯⋯ 101

第六章　本体安全感与居民健康消费⋯⋯⋯⋯⋯⋯⋯⋯⋯⋯⋯⋯ 109

第一节　本体安全感与居民健康消费研究的文献述评⋯⋯⋯⋯⋯⋯ 109

第二节　本体安全感对居民健康消费影响的理论分析⋯⋯⋯⋯⋯⋯ 116

第三节　本体安全感对居民健康消费影响的实证检验⋯⋯⋯⋯⋯⋯ 117

第七章　本体安全感与居民体验消费⋯⋯⋯⋯⋯⋯⋯⋯⋯⋯⋯⋯ 128

第一节　本体安全感与居民体验消费研究的文献述评⋯⋯⋯⋯⋯⋯ 128

第二节　本体安全感对居民体验消费影响的理论分析⋯⋯⋯⋯⋯⋯ 136

第三节　本体安全感对居民体验消费影响的实证检验⋯⋯⋯⋯⋯⋯ 137

第八章　本体安全感与居民仪式感消费⋯⋯⋯⋯⋯⋯⋯⋯⋯⋯⋯ 144

第一节　本体安全感与居民仪式感消费研究的文献述评⋯⋯⋯⋯⋯ 144

第二节　本体安全感对居民仪式感消费影响的理论分析⋯⋯⋯⋯⋯ 152

第三节　本体安全感对居民仪式感消费影响的研究思路⋯⋯⋯⋯⋯ 157

第九章　总结与展望⋯⋯⋯⋯⋯⋯⋯⋯⋯⋯⋯⋯⋯⋯⋯⋯⋯⋯⋯ 168

参考文献⋯⋯⋯⋯⋯⋯⋯⋯⋯⋯⋯⋯⋯⋯⋯⋯⋯⋯⋯⋯⋯⋯⋯⋯ 175

索　引⋯⋯⋯⋯⋯⋯⋯⋯⋯⋯⋯⋯⋯⋯⋯⋯⋯⋯⋯⋯⋯⋯⋯⋯⋯ 209

Contents

Chapter 1 Introduction ·· 001

    Section 1 Research Background ······································ 001

    Section 2 Research Value ·· 002

    Section 3 Research Content ··· 005

Chapter 2 Overview of Ontological Security ···················· 012

    Section 1 The Concepts of Ontological Security ············· 012

    Section 2 Review of Research on Ontological Security Threats ········ 014

    Section 3 Research Gaps in Existing Literature ·············· 021

Chapter 3 Theoretical Basis and Empirical Study Method ·············· 023

    Section 1 Theoretical Basis of Ontological Security Research ··········· 023

    Section 2 Method of Empirical Study ························· 049

Chapter 4 Ontology Security and Residents' Conformity Consumption

    ··· 073

    Section 1 Literature Review of Ontological Security and Residents'

            Conformity Consumption ····························· 073

    Section 2 Theoretical Analysis of the Effect of Ontological Security

            on Residents' Conformity Consumption ·············· 081

Section 3　Empirical Test of the Effect of Ontological Security

on Residents' Conformity Consumption ···················· 083

Chapter 5　Ontology Security and Residents' Scarcity Consumption

··· 092

Section 1　Literature Review of Ontological Security and Residents'

Scarcity Consumption ······································· 092

Section 2　Theoretical Analysis of the Effect of Ontological Security

on Residents' Scarcity Consumption ···················· 098

Section 3　Empirical Test of the Effect of Ontological Security

on Residents' Scarcity Consumption ···················· 101

Chapter 6　Ontology Security and Residents' Health Consumption ······ 109

Section 1　Literature Review of Ontological Security and Residents'

Health Consumption ·· 109

Section 2　Theoretical Analysis of the Effect of Ontological Security

on Residents' Health Consumption ···················· 116

Section 3　Empirical Test of the Effect of Ontological Security

on Residents' Health Consumption ···················· 117

Chapter 7　Ontology Security and Residents' Experiential Consumption

··· 128

Section 1　Literature Review of Ontological Security and Residents'

Experiential Consumption ································· 128

Section 2　Theoretical Analysis of the Effect of Ontological Security

on Residents' Experiential Consumption ·············· 136

Section 3　Empirical Test of the Effect of Ontological Security

on Residents' Experiential Consumption ·············· 137

Chapter 8　Ontology Security and Residents' Ritualistic Consumption

　　··· 144

　Section 1　Literature Review of Ontological Security and Residents'

　　　　　　Ritualistic Consumption ·· 144

　Section 2　Theoretical Analysis of the Effect of Ontology Security

　　　　　　on Residents' Ritualistic Consumption ························ 152

　Section 3　Research Prospect on the Effect of Ontology Security

　　　　　　on Residents' Ritualistic Consumption ························ 157

Chapter 9　Research Summary and the Future Research Direction ······ 168

References ··· 175

Index ··· 209

第一章
绪论

第一节　研究背景

本体安全感是指个体对自身存在与生活状态的安全感。本体安全感领域的研究较为关注外在事件所造成的个体安全感缺乏的问题，即本体安全感威胁的问题。本体安全感威胁指当个体的生活惯例和环境稳定性被打破时，其所体验到的心理安全感缺乏的状态。消费者在日常生活中经常感受到来自各方面的安全感威胁。例如，已有研究发现洪水、飓风等自然灾害会对人正常的生活和生存环境造成毁灭性的破坏，此类突发事件会打破个体对自己生活和外在环境稳定性的感知，进而造成本体安全感威胁（Hawkins and Maurer，2011；Haney and Gray-Scholz，2020）。已有研究还发现，由非典、H1N1禽流感等流行病所引发的突发性公共卫生事件也会给居民带来本体安全感威胁（Yang et al.，2021；Armstrong-Hough，2015；Lohm et al.，2015）。除了自然灾难以外，诸如战争、环境污染等人为的灾难也会威胁个体的安全感（Zhukova，2016）。近些年来，全球性流行病频发、生态与环境问题加剧、日本排放核废水和俄乌冲突等突发事件都可能在局部或全球范围给个体带来强烈的本体安全感威胁。

为了回应这种全球性的变化，消费者行为学权威期刊 *Journal of Consumer Research* 设立特刊，刊发了相关主题的系列文章，并明确使用"本体安全感威胁"（Ontological Security Threat）的概念描述了消费者可能面临的安全感缺乏的状态（Campbell et al.，2020）。至此，本体安全感威胁作为一个新兴的研究领域受到了营销学者的关注，并且成为一个在理论上具有研究潜力、在现实需求上具有紧迫性和必要性的研究主题。

对本体安全感威胁的研究最初产生于社会学，并且逐步得到其他学科的关注。Phipps 和 Ozanne（2017）最早通过质性研究的方法在 *Journal of Consumer Research* 上发表论文，将本体安全感威胁的主题引入消费者行为学领域。Campbell 等（2020）在 *Journal of Consumer Research* 上发表的文章中再一次在突发事件的背景下，对本体安全感威胁的概念进行了理论解读。这说明本体安全感威胁的概念逐步得到了营销学者的关注，成为一个具有时代价值和学术潜力的研究主题。然而，消费者行为学对本体安全感威胁的研究尚处于起步阶段，有关消费者会通过什么样的行为来应对本体安全感威胁的问题尚未得到系统的研究。

本书认为本体安全感威胁会冲击消费者原有的生活方式，破坏消费者的秩序感和意义感，进而对消费者的心理产生不同程度的影响并促使其产生相应的应对性行为。消费作为个体参与社会生活的一种重要方式，能够帮助消费者起到应对和适应外在环境变化的作用。因此，本体安全感威胁会对个体的消费行为产生复杂和系统的影响，并且不同类型的消费在帮助消费者应对本体安全感威胁方面的作用也不尽相同。有些消费行为在帮助消费者应对本体安全感威胁方面会起到积极的作用，而有些消费行为不仅不会帮助消费者应对本体安全感威胁，还会带来某些消极的影响。因此，本书将以一些典型的消费行为为例，通过理论分析和实证研究相结合的方法来探究本体安全感威胁对居民消费行为的影响，这将有助于扩展消费者行为学领域对本体安全感威胁的研究问题、深化该领域的研究基础、为该领域的研究提供更加丰富的资料。为了让大家更清晰地了解本书的研究内容与学术价值，下面笔者将首先对本书的研究意义与研究内容进行介绍。

第二节　研究意义

一　理论意义

（一）对本体安全感研究领域的价值与意义

目前本体安全感的研究主要集中在社会学、政治学和心理学等研究领域，主要探究社会突发事件、社会变迁、社会保障政策对居民本体安全感的影响，以及本体安全感威胁对个体心理健康的影响等问题。在消费者行为学领域，Phipps 和 Ozanne（2017）最早在 *Journal of Consumer Research* 上将本体安全感威胁的概念引入消费者行为学的研究，他们采用质性研究的方法在澳大利亚旱灾的背景下，研究了消费者如何通过各种实践活动来恢复本体安全感。Campbell 等（2020）在 *Journal of Consumer Research* 特刊的引导文章中介绍了本体安全感威胁的概念，但是并没有直接以本体安全感威胁作为一个明确的变量展开研究。我国学者徐岚等（2020）在消费者行为学领域以本体安全感威胁为自变量，采用实验研究的方法验证了本体安全感威胁对家乡品牌偏好的影响，为探索本体安全感的实证研究范式和具体研究问题奠定了基础。由此可见，本体安全感研究已经得到了消费者行为学领域学者的重视，并且在定性和定量研究方法上取得了探索性的进展，为后续的研究提供了理论和方法上的基础。但是，该领域在消费者行为学中仍然处于初步的探索阶段，有关消费者会通过什么样的行为来应对本体安全感威胁的问题尚未得到系统的研究。因此，本书将聚焦于该理论问题，以恐惧管理理论、补偿控制理论、风险感知理论和意义维持模型作为理论基础，探究本体安全感威胁对居民从众消费、稀缺性消费、健康消费、体验消费、仪式感消费等典型消费行为的影响机制。这对于丰富本体安全感威胁领域的研究问题、夯实该领域的理论基础、探索该领域的实证研究方法具有重要的理论意义。

（二）对扩展和完善已有理论的价值与意义

本体安全感威胁会导致居民心理与行为上的多种变化，如产生恐惧感、控制感缺失、感知到风险、原有的意义系统被打破等。在心理学研究领域已经存在一些解释以上心理变化的经典理论，如恐惧管理理论、补偿控制理论、风险感知理论、意义维持模型等。这些理论有的已经被引入消费者行为学的研究中，并产生了丰富的研究成果，如恐惧管理理论和补偿控制理论；有的尚未得到消费者行为学研究的充分关注，如对风险感知理论的研究还主要集中在解释个体对风险性事件的行为反应上，而较少用于解释个体的消费行为，再如对意义维持模型的研究仍主要停留在心理学的理论研究层面，尚未被充分引入消费者行为学的研究中。因此，在本体安全感威胁视角下探究这些理论对居民消费行为的解释力，不仅具有扩展这些理论研究问题的意义，还具有从新现象的角度对这些理论进行检视和完善的价值。

二　实践意义

（一）有助于为本体安全感威胁事件发生后的相关经济举措提供建议

尽管居民的本体安全感威胁会受到个人生活状态的影响，但更多时候是由社会变迁与外在突发事件产生的威胁所导致的，而社会变迁与外在突发事件所导致的本体安全感威胁通常具有群体性特征。此时，本体安全感威胁不仅会影响居民个体的消费偏好，也会在社会层面对居民的消费倾向和经济行为产生影响，进而作用于宏观层面的经济发展和国家的经济政策。2020 年 5 月 14 日，中共中央政治局常委会首次提出"两个循环"概念，要"构建国内国际双循环相互促进的新发展格局"。而毫无疑问消费便是经济内循环的重要环节。此外，为了应对全球性经济滑坡，弥补外部需求的疲弱与不足，减轻外部需求波动对国内宏观经济的冲击，我国政府出台了一系列刺激居民消费的举措。经国务院同意，国家发改委、中宣部、教育部等 23 个部门联合印发了《关于促进消费扩容提质加快形成强大国内市场的实施意见》。然而，制定刺激消费举措的方案应该建立在对居民消费行为和消费心理深入了解的基础之上，这样才能使相应的举措有的放矢、行之有效。近年来，各种国内和国际突发事件的频发，使得本体安全感威胁成为在群体层面理解居民消费行为和消费心理的重要视角。由此可见，研究本体安全感威胁对居民消费行为的影响对相关经济政策的制定具有重要意义。因此，本书以此为选题背景，基于文献综述与实证检验研究了本体安全感威胁对居民未来消费意愿的影响及其内在的心理机制，致力于通过对消费者个体层面的研究，预测居民未来的消费偏好，从而为如何通过刺激居民消费、助力经济的恢复提供实证研究材料。

（二）有助于对本体安全感威胁状态下居民非理性消费行为进行引导与管控

由于造成本体安全感威胁的事件往往会对消费者的生活产生严重冲击，在这个过程中消费者往往会表现出诸如从众消费和稀缺性消费等非理性的消费行为，这不仅增强了民众的恐慌，而且带来了社会管理的负担，因此，在导致居民本体安全感威胁的突发事件下，对个体消费行为中典型的非理性现象和社会管理层面上暴露出来的问题进行深入的反思和经验的总结是十分必要的。这不仅可以为未来群体本体安全感威胁的应对与管理措施的制定提供经验和指导，而且有利于我们对某些个体行为与社会现象背后的内在机制与发生逻辑进行深入的理解与理论探索。在此背景下，本书还研究了居民本体安全感威胁对居民从众消费和稀缺性消费等非理性消费行为的影响，探究其内在的心理机制，从而为在本体安全感威胁状态下引导与管控居民非理性消费行为提供实证研究材料。

第三节　研究内容

一　研究内容的选择依据

为了更好地透析本体安全感对居民消费行为影响的逻辑，本书在保障研究现象的代表性和理论基础的坚实性基础上，在实证部分选取四种典型消费行为进行研究，分别为从众消费、稀缺性消费、健康消费和体验消费。在典型消费行为的选取上，本书主要遵循以下两个原则。

（一）本体安全感威胁事件的时序性影响

导致居民本体安全感威胁的事件往往具有时序性的递变特征，在本体安全感威胁事件的不同阶段，本体安全感威胁对个体的影响也会呈现差异化特征。笔者认为本体安全感威胁事件对居民消费行为的影响粗略地分为两个阶段，分别为"本体安全感威胁爆发期"和"本体安全感威胁恢复期"。前者指"导致本体安全感威胁的事件爆发时，居民处于应激性状态的时期"，后者指"导致本体安全感威胁的事件发生一段时间后，居民处于平复本体安全感威胁的影响以及尝试恢复安全感的时期"。在这两个阶段，居民消费的心理需求不同、消费的行为特征不同、对消费市场的影响也不同。例如，在日本福岛核泄漏刚发生时，居民处于本体安全感威胁的爆发期，此时居民可能会调动一切可调动的资源来应对本体安全感威胁造成的应激性影响，甚至出现抢购咸盐的非理性消费行为。而当该事件发生一段时间后，居民更可能转成长期的适应性策略，并通过一系列的消费行为来恢复日常生活的正常运转，使本体安全感得以恢复。

鉴于以上逻辑，本书将本体安全感对居民消费行为影响的第一阶段定义为"本体安全感威胁爆发期"。在这一阶段，居民的消费行为主要呈现应激性的特征，其消费的主要目的是应对本体安全感威胁和缓解内心的恐慌，使得这一阶段居民的消费行为呈现一些从众和冲动的非理性特征。例如，在突发事件爆发时，本体安全感威胁会让居民出现大量囤积商品的消费行为，这种非理性的消费行为进一步造成了这些商品的短缺和市场调控机制的失灵，一方面使得相关产品在短时间内无法得到及时供应，增加了生产供给的负担；另一方面过度囤积导致了资源的浪费和违背市场规范的恶意涨价现象。这些行为不仅会增加社会的管理成本，而且往往并不能帮助居民解决其所面临的问题，甚至给他们带来更大的焦虑和恐慌。因此，针对"本体安全感威胁爆发期"的研究应该主要关注本体安全感威胁对居民消费行为的这种应激性的短期影响，并且以降低这些负面影响为主要研究目标。

本书将本体安全感威胁对居民消费行为影响的第二阶段定义为"本体安全感威胁恢复期"。此时，上文所述的居民应激性的消费特征逐渐消退，本体安全感威胁的长期影响逐步显现。这是由于，在这一阶段虽然本体安全感威胁事件本身得到了有效的控制，居民的本体安全感也逐渐得到恢复，但是本体安全感威胁可能已经影响和改变了居民的生活方式、心理需求、消费习惯和消费观念，从而会在较长一段时间内影响居民的消费意愿和消费偏好。在本体安全感威胁事件结束后，如何助力经济的恢复也是学术研究的重要议题。只有发现本体安全感威胁事件发生后消费心理和消费行为的特征，从而有针对性地调整市场供给和经济政策，才能让经济的恢复突出重点、有的放矢。在这个过程中消费者行为学的研究应该更加关注居民的消费意愿和消费偏好如何受到本体安全感威胁事件的影响及其恢复策略等问题。

（二）本体安全感威胁状态下消费者行为的社会属性和个人属性

笔者认为本体安全感威胁状态下居民的消费行为根据其社会参与的特征，可以分为"具有社会属性的消费行为"和"具有个人属性的消费行为"。前者更多地受到社会因素和人际互动的影响，并且在消费表现形式上也更多地与社会需求相关。后者更多地受到个体内在心理因素的影响，并且在消费表现形式上也更多地与个人需求相关。例如，居民的从众消费行为主要受到社会环境中其他个体的影响，并且受到消费者社会属性的影响；而居民的稀缺性消费行为主要受到个人内在心理因素的影响，受到社会因素和人际互动的影响较少。对本体安全感威胁状态下居民典型消费行为的选取之所以应该考虑这种"社会属性-个人属性"的维度，是由于具有不同属性的消费行为在心理逻辑和社会影响上均具有差异。这种区分在理论上有助于对本体安全感威胁状态下居民不同的消费行为进行系统化的把握，而且在实践上有助于更精准地了解居民消费行为背后的动机和诱发因素，以便精准地进行预测和干预。

鉴于以上"时序性"维度和"社会属性-个人属性"维度的考虑，本书构建了如图1-1所示的框架模型，并且以此为依据选取了本体安全感威胁中居民呈现的典型消费行为进行实证研究。具体来说，"时序性"和"社会属性-个人属性"维度的交叉构成了四个象限，每个象限中都有一个与该象限属性相匹配的典型消费行为。

在本体安全感威胁爆发期社会属性的消费行为上，本书选取从众消费作为典型行为展开研究。这是因为从众消费是本体安全感威胁爆发期的典型特征，并且无论是从影响因素上还是从内在动机上都与社会属性更加相关。在本体安全感威胁爆发期个人属性的消费行为上，本书选取稀缺性消费作为典型行为展开研究。这是因为稀缺性消费也是本体安全感威胁爆发

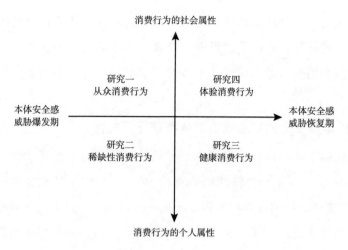

图1-1　本书实证研究内容选定的框架模型

期的典型特征，并且无论是从影响因素上还是从内在动机上都与个人属性更加相关。在本体安全感威胁恢复期社会属性的消费行为上，本书选取体验消费作为典型行为展开研究。这是因为在本体安全感威胁恢复期体验消费是政府助力经济增长政策的主要内容，并且体验消费往往由多人共同参与，具有较强的社会属性。在本体安全感威胁恢复期个人属性的消费行为上，本书选取健康消费作为典型行为展开研究。这是因为健康消费是本体安全感威胁恢复期居民消费偏好的重要特征，健康消费和健康产业也是政府助力的重要对象，并且无论是从影响因素上还是从内在动机上都与个人属性更加相关。基于此逻辑，本书将通过四个实证研究对以上四种典型的消费行为展开探索。

除了对以上四种典型的消费行为展开实证研究外，本书还从理论上探讨了另外一种本体安全感威胁可能会影响的消费行为，即"仪式感消费"。仪式感消费是指消费者为了获得消费过程中的仪式元素或者受到仪式元素的激发而产生的消费行为。仪式和消费之间存在着紧密的关系，不仅在消费者的各项仪式活动中伴随着大量的消费行为，而且给消费者创造仪式感也已经成为当今很多商家重要的营销策略之一。在此背景下，仪式感消费正逐步成为消费者行为学研究的一个新兴领域。Wang等（2021）在 *Journal of Marketing Research* 上发表的文章中首次使用了 Ritualistic Consumption 的概念。然而已有研究主要关注在营销过程中融入仪式元素会对消费者产生何种影响，对于何种因素会促进个体仪式感消费的问题则缺乏探究。本书认为，本体安全感威胁是一个促进消费者仪式感消费的重要变量。这是由于，在漫长的进化过程中，仪式本身就是人类经常用来应对自然灾难和生活不确定性的重要方式。即使是在现代社会，人们也会经常通过仪式化的行为来应对突发事件和环境改变所带来的不确定性。本书将本体安全感威胁作为仪式感消费的前因变量展开研究，不仅有助于从影响因素的视角拓展仪式感消费的研究问题和研究领域，而且有助于本体安全感威胁和仪式感消费这两个消费者行为学前沿领域的融合。因此，本书将在第八章从理论层面探讨本体安全感威胁对消费者仪式感消费的可能性影响。

二 本书拟解决的研究问题

基于以上研究内容，本书提出如下拟解决的研究问题。

本书拟解决的第一个研究问题是：本体安全感威胁是否会对四种典型消费行为产生影响，即本体安全感威胁严重程度是否会对从众消费、稀缺性消费、健康消费和体验消费这四种典型消费行为产生影响？为了解决该问题，本书在实证研究中以我国居民本体安全感威胁的数据为基础，探究本体安全感威胁对这四种典型消费行为的影响。

本书拟解决的第二个研究问题是：本体安全感威胁对四种典型消费行为的影响是长期的还是短期的，即探究本体安全感威胁严重程度对从众消费、稀缺性消费、健康消费和体验消费的影响是长期效应还是短期效应？为了解决该问题，本书在突发事件爆发期和恢复期分别针对我国居民的样本展开了问卷调查和跟踪调查，并且基于这两个不同时期的数据分别探究本体安全感威胁对这四种典型消费行为的长期影响和短期影响。

本书拟解决的第三个研究问题是：本体安全感威胁对四种典型消费行为影响的心理机制是什么，即探究本体安全感威胁状态下居民四种典型消费行为背后的不同心理逻辑是什么？由突发事件所导致的本体安全感威胁，是通过"外在刺激—内在心理—外显行为"的逻辑链条方式影响居民消费行为的。本书将其作为重要研究问题是因为对内在心理机制的揭示不仅在理论上有助于探究居民消费行为背后的心理逻辑，同时在实践上还有助于在精准把握居民心理的前提下制定相应的调控策略。

本书拟解决的第四个研究问题是：本体安全感威胁对四种典型消费行为影响的边界条件是什么？由于存在个体差异和情境差异，本体安全感威胁的影响在不同居民身上和不同情境下会展现出差异化的特征。因此，探究本体安全感威胁对这四种典型消费行为影响的边界条件是本书拟解决的第四个重要研究问题。对边界条件的探索不仅有利于我们以更加精细化的方式把握本体安全感威胁状态下居民消费行为的特征和变化规律，同时还有助于我们找到相应的调控和干预方案。

本书余下拟解决的研究问题是：本体安全感威胁是否会对消费者的仪式感消费行为产生影响？该影响的心理机制是什么？会受到哪些边界条件的影响？与对上面四个问题展开实证研究的探索思路不同，对这些问题的探究本书将主要采取理论分析的方法展开，并对未来可能的研究方向进行展望。

三　篇章结构与各章节之间的关系

为了对以上拟解决的问题展开研究，本书遵循以下的谋篇布局和研究逻辑。

本书的第一章为"绪论"。这一章主要通过三节内容向读者介绍本书的研究背景与研究意义、本书研究内容选择的依据和原则、本书拟解决的研究问题以及本书谋篇布局和研究逻辑等基本概况。本章具有提纲挈领的作用，后续章节的研究内容都是在这一章定位的框架和纲领下展开的。

本书的第二章为"本体安全感研究概览"。本章主要是对本体安全感的概念与研究传统、本体安全感领域的研究现状、本体安全感威胁的研究方法进行一个统揽性介绍。本章通过以上研究综述提出了本体安全感威胁在居民消费领域的研究不足与研究缺口，并基于此确立本书的研究重点。

本书的第三章为"理论基础与实证研究方法"。本章主要介绍与本体安全感威胁相关并且在后续章节的研究中被引用的理论。本章根据本体安全感威胁本身的特征和典型消费行为的性质选取了四个理论作为本书研究的理论基础，即恐惧管理理论、补偿控制理论、风险感知理论和意义维持模型。基于本体安全感威胁特征的角度，本章所选取的理论可以解释由本体安全感威胁所导致的恐惧感、控制感缺失、风险感知和意义违反下的心理与行为；基于典型消费行为的角度，本章所选取的理论可以很好地解释居民的从众消费、稀缺性消费、健康消费、体验消费和仪式感消费行为。此外，本章还对后续章节所涉及的实证研究方法进行了简要的介绍。

本书的第四章到第七章是主体的实证研究部分。本书用四个章节对本体安全感与居民四种典型消费行为进行系统性理论分析与实证研究。具体来说，第四章的主要内容是，在对本体安全感与居民从众消费相关的文献进行系统梳理的基础上，提出研究假设并对本体安全感与居民从众消费的关系、心理机制和边界条件进行实证检验。第五章的主要内容是，在对本体安全感与居民稀缺性消费相关的文献进行系统梳理的基础上，提出研究假设并对本体安全感与居民稀缺性消费的关系、心理机制和边界条件进行实证检验。第六章的主要内容是，在对本体安全感与居民健康消费相关的文献进行系统梳理的基础上，提出研究假设并对本体安全感与居民健康消费的关系、心理机制和边界条件进行实证检验。第七章的主要内容是，在对本体安全感与居民体验消费相关的文献进行系统梳理的基础上，提出研究假设并对本体安全感与居民体验消费的关系和其双重路径机制进行实证检验。

本书的第八章为"本体安全感与居民仪式感消费"。本章主要是在对仪式感消费的概念进行介绍的基础上，采取理论分析的方法阐释本体安全感对仪式感消费可能的影响、心理机制和边界条件，并对相关的研究主题进行展望性的阐释。

本书的第九章为"总结与展望"。本章主要是在对全书研究成果梳理与总结的基础上，对未来如何在消费者行为学领域针对本体安全感威胁展开研究进行了举例和畅想性的展望，为读者拓展新的研究视角与研究方向。

第二章
本体安全感研究概览

第一节　本体安全感的概念

本体安全感（Ontological Security）的概念最早由英国社会学家吉登斯（Giddens）提出，他认为人在无意识的层面具有保持自己存在的安全感的需要。当个体感觉到他们所生存的环境是有秩序的、稳定的、可以预测的时候，他们便会感觉到一种自身存在的安全感，这种感觉就是本体安全感。对本体安全感的需求让我们在日常生活中努力地维持着有秩序的生活惯例和稳定的生活环境，例如，追求稳定的生活保障，养成固定的生活习惯，待在自己熟悉的生存环境中，等等。我们对这些惯例性的活动和稳定的生活环境已经习以为常，并将其融入我们的日常生活，以自动化的方式执行，以至于只有它们被强行打破的时候，我们才会感觉到其对我们心理安全的作用，此时我们体验到的状态便是本体安全感缺乏（Chase，2013；Hawkins and Maurer，2011）。本体安全感与以往消费者行为学领域常见的其他概念有所区别。为了加强对本体安全感的理解，下面我们将通过对相关概念的辨析来进一步阐释本体安全感的内涵。

一　本体安全感概念和自我威胁概念的区别

以往消费者行为学从心理威胁视角展开的研究较为关注自我威胁（Self-threat）的作用。自我威胁主要指个体的自我概念受到威胁，其理论基础主要是希金斯（Higgins）所提出的自我差异理论（Self-discrepancy Theory）。具体来说，自我威胁指来自外界的某些信息或特定的情景让个体感受到现实自我和理想自我之间存在差距的让人厌恶的心理状态（Han et al.，

2015）。我们每个人都有维持一个积极的自我认知的心理需求，当外在的环境暗示我们在能力、地位、社会关系等方面存在不足时，我们会感受到自己积极的自我概念受到威胁，进而表现出各种补偿性消费行为（Mandel et al.，2017）。

本体安全感的概念与自我威胁的概念有所不同。首先，本体安全感的对象并不是个体内在的自我概念，而是个体对自己的生活及其与周围环境互动关系的稳定性感知。具体来说，本体安全感的对象并不是诸如地位、能力、吸引力等有关自我的某些属性，而是对由生活方式和外在环境所决定的自我存在的安全感的威胁。其次，自我威胁和本体安全感所导致的行为结果往往也不同。自我威胁会促进个体通过各种行为来恢复对自己的积极认知，在消费行为方面主要表现为补偿性消费（Compensatory Consumption）。而本体安全感威胁带来的行为结果往往是通过调整自己的生活方式或改善周围环境来重新获得内心的安全感。在消费者行为学领域，自我威胁所导致的补偿性消费已经得到了广泛的研究，而有关本体安全感威胁会导致哪些消费行为，已有的文献已经对其展开了初步的探索（Phipps and Ozanne，2017；徐岚等，2020），但是尚未形成系统的理论和独立的研究领域。

二 本体安全感概念和死亡凸显概念的区别

在已有消费者行为研究的文献中，死亡凸显对个体消费行为的影响也是一个重要的研究主题。死亡凸显（Mortality Salience）指的是外在的情境和事件唤醒了个体对死亡的感知与思考（Rosenblatt et al.，1989）。死亡凸显并不是让个体直接接触死亡或者处于死亡的情境中，而是通过各种方法在个体的意识与潜意识中启动与"死亡"相关的概念，甚至有时个体都不会意识到自己受到"死亡"这一概念的影响（Pyszczynski et al.，2006）。尽管很多造成本体安全感威胁的事件也会带来死亡凸显，如自然灾害、战乱等（Haney and Gray-Scholz，2020；Hawkins and Maurer，2011）。但是，导致本体安全感缺乏的事件并不完全和死亡相关，生存环境的改变、生活方式被打乱、家庭结构被破坏等事件也会导致本体安全感威胁（Chase，

2013；Easthope et al.，2015）。由此可见本体安全感和死亡凸显在本质上是两个完全不同的概念，这种差异主要表现在以下两个方面。

首先，死亡凸显反映的是个体与自我死亡之间的关系，而本体安全感反映的是个体与自己的生活和外在环境之间的关系。其次，人们对死亡凸显和本体安全感缺乏的行为反应也不同。由于死亡是不可避免的，因此个体对死亡凸显的反应主要是通过防御机制来降低死亡引发的焦虑。例如，已有研究主要基于恐惧管理理论（Terror Management Theory）来解释个体层面对死亡凸显的行为，并且发现自尊防御、文化世界观防御和寻求亲密关系是个体常用来应对死亡凸显的防御机制（段明明，2014）。而本体安全感缺乏并不像死亡一样是不可避免的，是可以通过个体的应对性行为来减弱和消除的，然而目前有关本体安全感缺乏会导致人的哪些应对性行为尚未得到系统的研究，也缺乏解释本体安全感对人行为影响的专有理论。

第二节　本体安全感威胁的研究综述

一　本体安全感威胁的来源

本体安全感作为个体的一种心理感知，会受到很多外在事件或特定情景的影响，下面我们将基于已有文献从三个方面总结本体安全感威胁可能的来源。

（一）外在的突发事件

由于本体安全感是个体对自己生活和外在环境稳定性的感知，因此当某些外在的突发事件对个体的生活及环境造成破坏时，就会产生本体安全感威胁，其中较为常见的便是灾难性事件。这种灾难既包括自然灾难，也包括人为的灾难。例如，已有研究发现洪水、飓风等自然灾害会对人正常的生活和生存环境造成毁灭性的破坏，造成居民强烈的本体安全感威胁（Hawkins and Maurer，2011；Haney and Gray-Scholz，2020）。近年来频发的突发事件不仅在现实生活中造成了居民的本体安全感威胁，也直接唤起了学界对本体安全感威胁研究的关注和重视（Yang et al.，2021）。流行病给居民本体安全感造成的威胁很早就得到了学界的关注。例如，曾有学者研究过 H1N1 禽流感对居民本体安全感的影响（Armstrong-Hough，2015；Lohm et al.，2015）。除了自然灾难以外，诸如战争、环境污染等人为的灾难也会威胁个体的安全感。例如，有研究发现即使时隔多年切尔诺贝利核泄漏事故仍然会对周边居民产生本体安全感威胁（Zhukova，2016）。

（二）社会的变迁

现代社会一个非常重要的特征便是社会变迁的速度越来越快，不确定性越来越强，这造成人们所习惯的生活方式以及与环境的互动模式不断被打破，从而产生本体安全感威胁（Armstrong-Hough，2015）。事实上，吉登斯最早就是在社会与时代变迁的背景下提出本体安全感概念的。他认为现代社会正经历着一场气势恢宏的变迁，并且波及了全球。在这个过程中，各个国家融入全球化的洪流中，旧的经济体制、社会结构和人们的生活方式不断被打破，国际秩序进入一个不稳定的时代，人口爆炸、环境破坏等问题让人们生活在一个充满不确定性的环境下，这些使得当代人处于一个本体安全感缺乏的时代。例如，有研究发现国际关系局势的动荡和危机会增强人们的本体不安全感（Chernobrov，2016）。除此之外，媒体和互联网的发展也使得民众越来越多地接触到社会变迁过程中的不确定性信息，进而加重了人们所感知到的本体安全感威胁（Bolton，2020）。

（三）个人生活保障的缺乏

除了大的社会背景以外，个人生活状态的不稳定性也可能是他们本体安全感威胁的来源，尤其对于缺乏生活保障的个体而言。其中被研究最多的是家庭和住所对人本体安全感的作用。由于家庭和住所是给人提供安全感的重要因素，已有研究发现无家可归者的安全感会受到严重的威胁（Stonehouse et al.，2020），远离家乡、居无定所的移民也具有更低的安全感（Gazit，2020；Mitzen，2018；Schütze，2021），较差的居住环境也会导致人们对家的感觉降低，进而产生本体安全感威胁（Perreault et al.，2019）。当然，家庭对本体安全感的意义并不仅仅是提供一个稳定的住所，有研究发现家庭结构复杂、个体与家庭成员之间的依恋状态较差、个体在家庭中的控制权缺乏等人际因素也会威胁个体的安全感（Easthope et al.，2015）。从个人生活保障视角展开的研究还较为关注弱势群体的本体安全感问题。例如，Chase（2013）的研究发现，被社会边缘化的群体缺乏稳定的住所、工作和生活保障，这会给他们带来本体不安全感，进而影响他们整体的生活幸福感；Rosenberg 等（2021）研究发现从监狱中刑满释放的犯人，由于长时间未能参与正常的社会生活，他们表现出明显的本体安全感缺乏；Perry（2007）在美国的研究发现，在存在种族偏见的时候，少数族裔的本体安全感要低于白人的本体安全感。因此，相关领域的研究者较为强调社会政策和福利保障对提升居民本体安全感的作用。例如，有研究发现国家对居民的福利保障政策和丰厚的养老金会增强居民的本体安全感（Ring，2005），灾后政府主导社区的重建也有利于居民本体安全感的恢复（Hawkins and Maurer，2011）。

二　本体安全感威胁对个体与社会的影响

（一）本体安全感威胁对个体的影响

由于本体安全感对个体的生活至关重要，因此本体安全感威胁会给个体的心理健康带来很多消极的影响（Lloyd et al.，2017）。例如，移民群体中的青少年往往面临本体安全感缺乏的境遇，这会增加他们恐惧、羞耻、抑郁、焦虑等消极情绪，并且他们常常会采用过度饮食、酗酒、吸烟、药物，甚至是计划自杀等消极的方式来应对这种本体安全感的缺乏（Vaquera et al.，2017）。来自精神病学的研究发现，精神分裂的患者往往伴随着强烈的本体不安全感（Davidson and Johnson，2012）。在美国展开的研究发现无家可归的精神病患者比有家庭的精神病患者的本体安全感更低，并且精神疾病的恶化程度更高（Padgett，2007）。本体安全感威胁除了增加个体心理健康的风险以外，还会降低个体的幸福感。这是由于长时间的本体安全感不足会造成个体与他人的社会疏离，这种社会联系的缺乏会降低他们的幸福感（Ambrey et al.，2017）。有研究发现女性对他人具有强烈的情感和归属需求，因此更容易受到各种突发事件的影响而丧失本体安全感（Haney and Gray-Scholz，2020）。

（二）本体安全感威胁对社会的影响

来自社会学的研究发现本体安全感对维持社会的和谐与稳定具有重要意义（Bolton，2020），这是由于本体安全感是个体与他人建立信任的重要的影响因素。本体安全感能够给个体的生活提供稳定性和可预测性，在这样的情境下个体能够对周围的环境和他人给予更多的信任，尤其是在充满冲突和动荡的环境之下，本体安全感对信任的作用尤其重要（Gazit，2020）。因此，Bolton（2020）认为在整个社会层面的本体安全感威胁会瓦解现有的社会纽带，让社会分崩离析。

三　个体对本体安全感威胁的应对方式

鉴于本体安全感威胁会带来以上消极影响，个体会通过多种方法来应对他们所面临的本体安全感威胁，下面我们将从以下两个方面进行总结。

（一）寻求安全和庇护的行为

由于本体安全感威胁往往是由外在的风险性事件导致的，因此个体常常会通过寻求安全和庇护来应对其所面临的本体安全感威胁。已有文献发现，在家庭中寻求安全和庇护是个体应对本体安全感威胁的常见方式（Newton，2008）。家庭之所以会起到这种作用，首先在于家庭是一个可以提供归属感、建立亲密关系和满足物质需求的稳定场所；其次在于人们往往在家里执行着各种稳定的惯例性活动，这些活动会给人提供稳定性带来的安全感；再次在于家庭是一个私密且不受他人监视的地方；最后在于家庭中人们往往具有更强烈的彼此认同。这些因素都有助于本体安全感的恢复（Dupuis and Thorns，1998）。除了家庭以外，在感知到本体安全感威胁的情况下，人们还倾向于将自己融入那些强化他们群体认同的集体中，如宗教团体和民族主义团体等（Kinnvall，2004）。这些团体会重新给个体构建一个稳定的信仰环境，以保障其本体安全感。例如，Nilsson 和 Tesfahuney（2017）的研究发现人们在宗教朝圣活动中会感觉到强烈的本体安全感。

除了寻求现实环境中的安全和庇护以外，个体还可以通过很多心理上的活动来获得本体安全感。例如，由于怀旧会让人产生归属和依恋的感受，因此人们也可以通过怀旧的方式来应对本体安全感威胁。Areni（2019）认为人们在社交媒体上发布怀旧的内容是受到无意识的获取本体安全感的动机所驱使的。社交媒体上存储的内容，如过去的照片、对过去生活的记录等，可以让我们获取到有关自己的回忆和怀旧体验。因此，在社交媒体上怀旧，可以让我们将过去的记忆和当下的自我整合到一个连续的叙事当中，让我们感觉到自己作为一个真实的、完整的、在时间意义上连续的人的存在感，进而提升个体的安全感。除此之外，在社交网站上存储照片和视频也可以将现在的自我投射到未来，实现一种虚拟自我的"数字不朽"，这也会增加本体安全感。

（二）自我保护行为和心理防御机制

当外在的事件和环境对人的本体安全感产生威胁时，人们会采取自我保护的方法来直接降低外在威胁事件的影响。例如，Armstrong-Hough（2015）研究了H1N1禽流感期间日本居民的本体安全感威胁与他们自我保护行为之间的关系，结果发现漱口的自我保护行为可以降低民众的焦虑，有助于减少他们所感知的本体不安全感。在流行病暴发的背景下，很多民众也主动采取戴口罩、减少聚集、勤洗手等自我保护和规避风险的行为。然而，值得注意的是，在很多情况下人们面对外在的风险却不愿意采取自我保护的行为，这可能是他们采取心理防御机制而不是自我保护的方法来应对风险的结果。这是由于，自我保护的行为意味着承认了外在环境的威胁，而当个体无力应对这些威胁时，他们就会处于巨大的本体安全感威胁的恐慌之中，因此他们可能会采取心理防御机制来直接否认风险的存在，这样会让他们暂时保持一定程度的本体安全感。例如，Huang（2021）研究发现在矿区居住和生活的工人，尽管他们处于重度污染的环境中，但是由于这份工作对他们的生活是必需的，他们无法脱离这个环境。承认污染会给他们带来巨大的焦虑和恐惧，进一步威胁他们的本体安全感，因此他们拒绝承认他们生活的环境是严重污染的。

由此可见，本体安全感是一种内在的心理感知，人们可以通过扭曲对外在环境的认知来获得。甚至有学者认为，人们对本体安全感的渴望要高于对客观上物理安全的关注。例如，人们认为家乡是能够给他们带来本体安全感的地方，尽管这些地方遭遇地震、洪水等自然灾害的可能性非常高，为了维持家乡所带来的本体安全感，他们也不愿意迁移到客观上更安全的地方，并且会低估他们所处环境的客观风险（Harries，2008；Wiegel et al.，2021）。

四　本体安全感威胁与消费者行为

本体安全感威胁主要探讨了个体在面对社会突发事件、社会变迁以及社会保障政策变化等情境下，本体安全感受到的威胁如何影响其消费行为和心理状态。本体安全感是个体对自身安全及周围环境安全的基本感知，当这种感知受到外部环境的威胁时，个体可能会产生焦虑、不安等负面情绪，从而影响其日常决策和行为。在消费者行为学领域，研究者开始探索本体安全感威胁如何影响消费者的购买决策、品牌选择以及消费偏好。例如，当社会突发事件（如自然灾害、经济危机等）发生时，个体的安全感可能会受到威胁，从而导致他们在消费行为上表现出不同的模式。一方面，为了寻求心理安慰和身份认同，消费者可能会倾向于选择那些能够带来情感联结和归属感的品牌和产品（徐岚等，2020）。另一方面，面对不确定性，消费者也可能更加注重产品的实用性和性价比，以应对未来可能出现的风险（Phipps and Ozanne，2017）。尽管本体安全感威胁与消费者行为之间的关系已经得到了初步的探索，但是，该领域在消费者行为学中仍然处于初步的探索阶段，尚未产出丰富的研究成果，具有广阔的研究空间和较大的研究潜力。

五　本体安全感威胁的研究方法

本体安全感的概念最早在社会学领域被提出和广泛研究，因此已有针对本体安全感威胁的实证研究方法也是以社会学的质性研究为主。这些研究主要针对某些特殊的群体（如移民群体、社会边缘化群体）或者基于特定的社会背景（如自然灾害、社会变迁）采取访谈和田野观察的方法展开研究（Hawkins and Maurer，2011；Haney and Gray-Scholz，2020；Chernobrov，2016）。Phipps 和 Ozanne（2017）在消费者行为学领域展开的实证研究也沿用了这种质性研究的方法。质性研究方法的优势在于可以深入、生动地描述本体安全感威胁对个体和社会的影响以及人们的应对方式。但是，质性研究更多的是基于某个特定人群或某个社会环境的特性而展开的。由于本体安全感在本质上是人的一种心理感知，在每个人的日常生活中都存在，并且会受到日常生活的情境和信息的影响而产生波动。因此，也可以通过实验研究或者问卷调查的方法对一般个体的安全感展开研究。

在实验研究方法上，徐岚等（2020）采用让被试阅读文章的方法来启动本体安全感威胁。例如，他们将被试随机分为两组阅读有关经济全球化或文化全球化的文字材料，本体安全感威胁组被试阅读的材料强调全球化对人们常规生活的破坏，而控制组被试阅读的材料强调全球化给人们生活带来的便利和机会。本体安全感实验研究的一个非常重要的技术问题在于要排除其他可能的干扰变量的影响。由于造成本体安全感威胁的事件常常还会对个体的生命造成威胁，考虑到这一点，徐岚等（2020）的研究为了排除生命安全感威胁的影响，他们在另一个实验中让本体安全感威胁组的被试阅读台风对人们常规化生活造成破坏的材料，让生命安全感威胁组的被试阅读台风对人们生命安全造成威胁的材料。在徐岚等（2020）的研究中，他们为了检验实验操纵的有效性，借鉴以往访谈研究的内容（Phipps and Ozanne，2017；Hawkins and Maurer，2011）开发了本体安全感威胁感知量表，为通过问卷方法研究本体安全感威胁提供了研究工具上的基础。

通过以上文献综述可以看到，目前有关本体安全感威胁的研究方法较为多元，可以结合质性研究、实验研究和问卷研究的方法来对其展开探索。其中，质性研究的方法较为成熟，除了徐岚等（2020）的研究以外，实验操纵的材料和问卷研究的工具虽然没有得到更多研究的重复验证，但是他们的工作也为通过实验和问卷法展开研究提供了初步的探索。综上所述，目前有关本体安全感威胁的实证研究已经具备多元的方法论基础，但是还需要未来更多系列化的研究来验证现有研究范式的稳健性，并且仍需要开发更加多元、灵活的研究工具。

第三节　已有文献的研究不足

（一）已有文献尚未充分将本体安全感引入消费者行为学的研究当中

正如上文所言，本体安全感的概念越来越受到营销学者的关注，探究本体安全感对个体消费行为的影响将成为消费者行为学一个重要的新兴研究领域。尽管已经有相关领域的权威期刊对本体安全感的概念进行了阐释（Campbell et al.，2020），并有研究展开了初步的实证探索（Phipps and Ozanne，2017；徐岚等，2020），但是尚未在消费者行为学中形成系统的研究领域和明确的研究思路。笔者认为，要想拓展本体安全感在消费者行为学领域的研究，有以下两个问题急需解决：首先，要丰富本体安全感在消费者行为学领域的研究问题；其次，要明确本体安全感对个体行为影响的心理机制和理论基础。针对以上问题本书将采取以下思路展开探究：首先，本书将探究本体安全感对消费者行为的影响，将本体安全感与具体的消费行为建立联系；其次，本书将选择相关理论作为探究本体安全感对消费者行为影响的心理机制，夯实本体安全感在消费者行为学领域研究的理论基础。

（二）消费者行为学领域本体安全感研究的方法论基础尚不完善

通过文献综述可以看到，已有对本体安全感的研究主要集中在社会学研究领域，并且主要在特定的灾难或社会变迁的背景下采用田野观察或深度访谈等质性研究的方法展开探索。Phipps 和 Ozanne（2017）在 *Journal of Consumer Research* 上发表的文章也延续了这一传统，通过深度访谈的方法针对澳大利亚旱灾的背景对本体安全感与消费者行为展开研究。然而，本书认为本体安全感在本质上是个体对自己的生活以及周围环境稳定性的感知，这种感知不仅会在特定的社会背景下显现，在日常生活中也存在个体的差异，并且会受到消费者日常生活中各种事件和信息的诱发。因此，对本体安全感的研究不仅要关注其在特定事件和社会背景下的表现形式，还要关注其作为居民日常生活的一种感知状态对消费者行为的影响。然而，针对后者所展开的研究寥寥无几，并且缺乏成熟和完善的方法论基础。尽管徐岚等（2020）在这个方向上做出了初步的探索，通过实验研究的方法对本体安全感展开了研究，但是要想让本体安全感成为消费者行为学一个坚实的研究领域，继续完善和丰富其方法论基础是一个势在必行的技术环节。因此，本书将探索如何基于问卷研究和二手数据研究相结合的方法对本体安全感展开实证研究，以便扩展和丰富本体安全感领域研究的方法论基础。

（三）本体安全感对消费者行为影响的理论基础仍有待完善

正如文献综述部分所言，目前对本体安全感的研究主要集中在社会学和政治学领域，因此其理论基础也多为解释本体安全感对社会层面影响的宏观理论和中观理论。目前解释本体安全感在个体层面对消费者心理与行为会产生何种影响的微观理论尚有待完善。本书认为，要想完善本体安全感在个体层面对消费者心理与行为影响的理论基础，可以通过以下两种路径完成。首先，在已有从心理威胁的视角解释个体层面心理与行为的理论中寻找适合的理论，然后验证其在本体安全感威胁背景下对特定消费行为的解释力；其次，从对本体安全感的研究中建构新的理论。在本书中我们主要采取的是第一种路径，即根据本体安全感和具体研究的消费行为的特征选择了恐惧管理理论、补偿控制理论、风险感知理论和意义维持模型作为研究的理论基础，并通过实证研究验证这些理论在本体安全感对消费者行为影响方面的解释力。

第三章
理论基础与实证研究方法

第一节　本体安全感研究的理论基础

一　恐惧管理理论

（一）恐惧管理理论的形成

恐惧管理理论最初是基于对自尊防御和偏见等现象动机来源的探究而发展起来的。人类无可避免地要面对死亡，生活中也将频繁地接触死亡情景或与死亡相关的信息，然而面对死亡，人们既无法预测更无法对抗。因此，人们面对死亡信息时会产生无助感、焦虑和恐惧等情绪。为了有效地对抗死亡带来的负面情绪，人们选择自尊和支持文化世界观等心理防御的方式。这种方式不仅使得人类在活着的时候拥有更强的意义感，也可以使得人类在死亡之后生命的意义得以延续。

恐惧管理理论的思想渊源最早可以追溯到大约公元前 3000 年"苏美尔史诗"中"吉尔伽美什"寻找永生的故事。从那时起，人类对死亡的恐惧就逐渐在文学、宗教以及哲学中得以发展并成为人类关注的主题。大约公元前 400 年，知名古希腊历史学家修昔底德发现，在死亡恐惧的驱动下，人们会以三种方式获得永生：人生前的英勇、高贵行为可以使得人类在死后获得神的奖赏；人类英勇事迹通过后人的记忆流传可以使得人类得以永生；个人可以将自己融入某个群体中通过群体身份得以延续和永生（Lange et al.，2012）。之后，死亡恐惧的概念在文学、艺术、宗教、西方文化等领域得以进一步发展，直到 Becker（1971，1973，1975）将人类学、进化生物学、哲学、心理学和社会学的观点整合在一起提出恐惧管理理论，恐惧管理理论才得以正式形成。恐惧管理理论中，死亡恐惧威胁和维持永生的信念在人类文化和社会行为中起到重要作用。文化世界观和自尊等心理学概念也被引入理论之中，并且成为人类面临死亡威胁的主要防御工具。

自恐惧管理理论被提出以来，不同领域的研究者迅速对其展开了实证研究，并且建立了标准化的实证研究范式。一般是通过实验操纵方式让被试观看包含死亡信息的文字材料或者想象如果自己死亡会发生什么，并且将这种实验操纵的方法命名为死亡凸显。在实证研究中有意思的发现是，当在死亡凸显的操纵和因变量测量之间加入分心任务时，因变量的结果往往与不加入分心任务时有所区别。例如，Pyszczynski 等（1999）研究发现，在死亡凸显诱导的实验操纵后立刻进行实验测量，人们会有意识地将有关死亡的想法压制，从而使得死亡凸显的影响降低。相比较而言，如果在死亡凸显的实验操纵后加入一个与非死亡相关的任务，使得死亡想法被排除在注意力的范围外，那么个体将不再压抑与死亡相关的想法，这时死亡凸显的影响会更加明显。这样的发现不仅为恐惧管理理论实证研究的标准化铺垫了道路，同时也直接导致了恐惧管理理论的双重加工模型的诞生，我们后续会对该模型进行详细介绍。

（二）恐惧管理理论的基本观点

恐惧管理理论认为，人类面临死亡威胁时，对抗由死亡带来的焦虑、恐惧等负面情绪最常用的方式是文化世界观和自尊。它们在缓解焦虑情绪中起到了缓冲器作用，并且成为人类对抗死亡恐惧的一种保护手段。基于此，恐惧管理理论提出三个相关假设：①死亡恐惧会增加人们对自己文化世界观的支持并努力争取自我价值；②支持文化世界观和提升自尊会减少死亡威胁引起的焦虑；③威胁文化世界观和自尊会引起人们的焦虑并使得人们对死亡的关注更接近意识层面（Lange et al.，2012）。

以上假设已经得到充分的实证研究的支持。例如，已有研究发现死亡凸显效应会影响人们对道德违反者的惩罚意愿和对支持文化价值观的人的奖赏意愿。Rosenblatt 等（1989）通过实证研究发现死亡凸显会增强被试对道德违反者和对罪犯惩罚的意愿，同时增加对帮助逮捕罪犯人的奖赏。这是由于，道德和法律是我们日常生活中最常见的文化世界观体系，支持文化世界观可以有助于个体缓解由死亡导致的焦虑和恐惧。文化世界观是指人类在社会生活中创造的一系列符号系统，它可以伴随着人类的延续而被传递下去，因此文化世界观持续的程度要远远大于个体生存的寿命，支持自己所在群体的文化世界观其实就是将自己融入某个比自己的生命能够存续更长时间的符号系统中去，以此降低个人在死亡面前的渺小感和无力感。

除此之外，已有研究还发现在死亡凸显的情境下，提升个体自尊会减少他们对文化世界观防御的使用。Harmon-Jones 等（1997）在研究中找到49 个来自美国心理学专业的学生作为被试，通过实验操纵被试的死亡凸显和自尊水平，然后让被试评价两篇文章，一篇文章支持美国，一篇文章反对美国。结果发现，低自尊被试增加了对支持美国作者的喜爱程度与积极评价，而高自尊被试并没有增加对支持美国作者的喜爱程度和积极评价。这是由于提升自尊也可以起到防御死亡威胁的作用，当人们对自尊防御的使用增加时，其对文化世界观防御的使用自然减少。自尊之所以也可以起到对死亡凸显的防御作用，是由于高自尊可以为个体提供更多心理资源以应对和压制死亡威胁。

既然提升支持文化世界观和自尊可以起到防御死亡焦虑的作用，那么当个体的文化世界观受到威胁和自尊降低时，他们更可能受到死亡焦虑的影响。例如，有研究发现当批评被试的文化世界观或威胁被试的自尊时，均能启动被试的死亡意识（Friedman and Rholes，2007）。

（三）恐惧管理理论的防御机制

根据恐惧管理理论，由死亡所带来的焦虑和恐惧是让人厌恶的一种状态，因此人们会采取不同方式来应对死亡的威胁。已有文献认为人们最常使用的应对死亡焦虑的方式是文化世界观和自尊两种心理防御机制（Greenberg et al.，1997）。除此之外，归属感、自我意识也会对应对死亡恐惧起到重要作用。下面我们将对这些防御机制进行简要介绍。

1. 文化世界观防御

文化世界观是人类为了对抗各种生存威胁以及死亡恐惧而创造出来的一

种为同一文化群体共享的抽象符号系统。文化世界观赋予内群成员以生活意义感和秩序感。根据自我不确定感，自我不确定动机会驱使人们将自己与群体身份保持一致来减轻不确定感。群体身份可以使得他们知道自己是谁，清楚人们共同坚持的信念、价值以及行为准则。作为内群成员，不仅对自我身份更加明确，而且可以通过实现内群提倡的价值观来获得生存意义感，获得群体庇护，同时在死后获得精神和意义上的永生。当面临死亡威胁时，人们既无法预测死亡更无法对抗死亡，会面临极强的自我不确定感。因此，在死亡凸显情境下，文化世界观成为人们缓解死亡焦虑的重要心理防御手段。研究发现，死亡凸显会导致个体对支持与自己同一文化价值观的人做出积极反应，而对侵犯和亵渎自己文化价值观的人做出消极反应（Rosenblatt et al.，1989），其原因在于文化价值观的一致性会给人们的内心带来安全感。

2. 自尊防御

自尊是人们感知自我价值和在社会上被他人接受程度的一种心理测量方式。高自尊的人认为自己有能力获得成功，是一个有价值的人（Baumeister et al.，2003），他们还认为自己是一个对他人和社会产生重要影响的人（Tedeschi and Norman，1985），以及认为自己的价值与行为是符合自己群体文化价值观的（Pyszczynski et al.，2004）。成为被自己、他人和群体认可的人从某种意义上来说也是人们获得心理资源，对抗焦虑的重要方式。因此，受到死亡威胁的个体很有可能通过提升自尊，让自己感觉自己是一个有价值的人的方式来缓解死亡焦虑。

3. 其他防御方式

在死亡威胁状态下，除了文化世界观和自尊之外，归属感和自我意识也可以充当心理防御的方式。当个体受到死亡威胁时，控制感会下降，而加强内群的社会联系可以修复控制感（Fritsche et al.，2008），因此死亡凸显会导致个体支持内群文化和追求归属感。这也就解释了为什么当个体感觉死亡带来的威胁时，经常想到家人并且更愿意和亲密的人待在一起的原因。除此之外，个体受到死亡威胁时还会通过转移自我意识的方式来应对死亡焦虑。当面对死亡这个让人焦虑又无法解决的问题时，个体会通过不同的行为（如自杀或放纵性消费）来转移注意力以使得自己暂时逃离令人厌恶的自我意识状态（Baumeister，1990；Heatherton and Baumeister，1991）。转移自我意识的同时，个体对死亡威胁的恐惧状态也会随之改变（Mandel and Smeesters，2008）。因此，转移自我意识也可以成为人们对抗死亡焦虑的心理防御方式。

（四）恐惧管理理论的双重加工模型

恐惧管理理论的双重加工模型是 Pyszczynski 等（1999）针对人们面临不同死亡威胁信息时采取的不同形式心理防御机制而提出的。根据心理防御机制理论，个体在面临挫折或冲突等紧张情绪时，会自觉或不自觉地通过心理防御手段进行情绪调节以使自己重新恢复心理的平衡与稳定。当个体直接接触到死亡信息时，强烈的紧张情绪会在意识层面干扰个体的正常生活与心理平衡，为了实现自我保护，他们会通过压抑的方式将死亡威胁排除在意识之外，使其进入潜意识状态。Pyszczynski 等（1999）将这种心理防御方式称为近端防御机制。而与此相对，当个体接触到隐性死亡威胁时，他们会在潜意识层面通过升华等心理防御方式使自己免除精神压力并维持心理平衡。Pyszczynski 等（1999）将这种心理防御方式称为远端防御机制。由于，近端防御主要的策略便是压抑对死亡的想法，而远端防御会导致个体采取不同的防御机制和应对策略，进而产生多样化的行为，因此目前的研究主要关注远端防御的影响。

恐惧管理理论的双重加工模型已经得到研究者的关注和认可。已有研究发现，不同的防御机制会触发人们不同的行为。例如，Routledge 等（2004）研究了消费者对使用防晒品的态度。当启动被试近端防御时，被试对高倍防晒产品的购买倾向增加；而启动被试远端防御时，被试更倾向通过晒黑获得小麦肤色来提高自尊。然而，研究者更多关注的是远端防御与个体应对方式之间的关系。当个体远端防御被启动时，个体除了使用文化世界观和自尊方式进行心理防御之外，也会选择转移自我意识（Mandel and Smeesters，2008）和怀旧（Routledge et al.，2008）等方式进行心理防御。不同的防御方式会导致个体对他人、对文化群体不同的行为和态度，甚至对个体的消费行为和态度产生重要影响。

（五）恐惧管理理论在消费者行为学领域的研究

恐惧管理理论作为解释人类动机的基础性理论，已经从多方面对消费者行为学的研究产生影响。依托恐惧管理理论发展起来的死亡凸显概念，常被用于消费者行为学领域的实证研究中。通过相关文献梳理发现，死亡凸显不仅会影响个体的消费偏好，也会影响个体与品牌之间的关系以及个体为他人消费的意愿等。因此，本书从死亡凸显对个体消费偏好的影响、死亡凸显对消费者与品牌之间关系的影响、死亡凸显对消费者为他人消费意愿的影响三个方面对已有文献进行综述。

1. 死亡凸显对个体消费偏好的影响

个体的消费偏好不仅会受到消费者内在因素的影响，也会受到情境性因素的影响。我们在日常生活中经常会直接或间接地接触或听到关于死亡的信息，然而无论是显性的死亡信息还是隐性的死亡信息，都会对消费者心理和行为产生一定影响，进而影响他们的消费偏好。有研究表明，死亡凸显会使个体的心理产生焦虑和不安全感，这种不安全感会导致消费者表现出更强的物质主义倾向（Arndt et al.，2004）和追求物质主义的行为（Kasser and Sheldon，2000）。例如，Kasser 和 Sheldon（2000）发现，在死亡凸显情境下，与控制组相比，实验组被试对未来 15 年的财富期望更高，这里的财富期望包括财富价值和娱乐项目花销，同时他们也表现得更加贪婪。

死亡凸显带来的负面情绪不仅会导致个体的物质主义倾向和行为，也会导致个体的放纵消费。Ferraro 等（2005）研究发现，由于个体的自尊有多种来源，当身体自尊为个体非重要的自尊来源时，面对死亡凸显，他们会展现出更多的放纵性选择；而对于那些身体自尊为重要自尊来源的个体而言，结果却相反。具体而言，对于身体自尊低的女性，启动死亡凸显后，与水果沙拉相比，她们更倾向于选择巧克力蛋糕；而对于身体自尊高的女性，她们对水果沙拉的选择性更高。另外，也有研究从自我意识的角度解释了死亡凸显后的放纵消费。Mandel 和 Smeesters（2008）认为，启动死亡凸显后，当个体自我意识较强时，他们所感知到的真实自我与理想自我之间的差异会更明显，为了逃离这种令人厌恶的自我意识状态，个体很有可能通过放纵性吃喝来转移自我注意力。

死亡凸显带来的负面情绪还可以通过提升自尊的方式进行改善和缓解。由于个体的自尊来源不同，因此提升自尊的方式具有多样性。在消费者行为学领域的研究发现，在死亡凸显的影响下，人们会通过炫耀性消费的方式来提升自尊。例如，研究发现，与控制组被试相比，完成死亡恐惧量表的被试在对普通商品（如普通品牌汽车和土豆片）和奢侈品（如雷克萨斯汽车和劳力士手表）广告的评价中，对奢侈品广告的评价更高（Mandel and Heine，1999）。另外，也有研究发现地位消费也是个体增强自尊的重要方式。

已有研究还发现，死亡凸显会对人们的退休储蓄决策产生负面影响。经济学家认为退休人员买养老金是一个理性决策，然而买养老金的比例却一直很低，原因在于死亡凸显在其中起到了抑制作用。根据恐惧管理理论的二元认知模型，养老金启动了消费者的近端防御，因此消费者为了压抑与死亡相关的想法，会通过拒绝购买养老金的方式逃避自己终将面对死亡的事实（Salisbury and Nenkov，2016）。

2. 死亡凸显对消费者与品牌之间关系的影响

死亡凸显除了对个体消费偏好产生影响外，也会对消费者与品牌之间的关系产生影响。对于消费者而言，品牌除了具有区分产品、体现产品质量与服务的作用外，还与消费者本身的自我概念、价值观等紧密相连。面对死亡威胁时，个体会通过支持自己的文化世界观或对与自己文化世界观不符的人或观点产生消极反应的方式来缓解自身的焦虑（Rosenblatt et al.，1989）。因此，当消费者被启动了死亡威胁时，他们会表现出更强的对国内品牌的偏好（Liu and Smeesters，2010），而对国外品牌的欢迎程度降低（Nelson et al.，1997；Klein et al.，1998）。然而，一旦消费者对国内品牌的偏好阻止了不安的情绪，那么这种对品牌偏好的效应就会消失（Liu and Smeesters，2010）。另外，由于消费者原来使用的品牌可能与他们存在的文化世界观联系更密切，因此在死亡凸显下，消费者会对他们已经偏好的品牌忠诚度更高，而且更难接受新的品牌（Maheswaran and Agrawal，2004）。

3. 死亡凸显对消费者为他人消费意愿的影响

死亡凸显不仅会影响消费者个人的消费意愿和消费偏好，也会影响其为他人消费的意愿。已有研究发现，在死亡威胁情境下，启动自尊防御的人会表现出更多亲社会消费，如慈善捐赠，尤其是将美德作为自尊来源的个体慈善捐赠的决定、捐赠的数量以及加入社交性消费行为的意愿都会更高 （Ferraro et al.，2005）。除此之外，文化导向也会对消费者为他人消费意愿产生影响。Maheswaran 和 Agrawal（2004）研究发现，在死亡威胁情境下，集体主义国家消费者为了家人幸福，更可能通过买保险或长期投资等方式来保护家人而不是进行自我放纵行为。

（六）本书实证研究中相关变量与恐惧管理理论的关系

1. 物质主义与恐惧管理理论

基于恐惧管理理论的实证研究发现，追求物质和表现出物质主义的倾向是个体应对死亡威胁常用的防御机制，因此本章将物质主义作为本书实证研究中的重要变量。物质主义是一种强调拥有物质财富重要性的生活价值观（Richins and Dawson，1992）。具有物质主义倾向的个体通常以自我为中心，通过追求物质财富以提升生活的满足感（Fournier and Richins，1991），并将整个生活的重心放在财物的追求和获取上（Chan and Prendergast，2007）。物质主义者主要具有以下几个特征：追求比他人拥有更多的财物；相信财物能够带来快乐与幸福；更注重物质的占有；渴望获取与占有财物；等等（Ger and Belk，1996）。物质主义的成因有很多，包括孩童时期的贫困经历、恳求和逢迎他人所产生的身份不安全感（Christopher et al.，2005）、来自家庭成员的社会学习（Chan and Prendergast，2007）等。已有研究发现，由死亡恐惧所带来的不安全感也是影响物质主义的一个重要因素。由于对物质财富的占有可以帮助个体获取意义感和价值感，从而缓解由死亡相关信息带来的恐惧和焦虑，因此，在面对与死亡相关的恐惧的情况下个体会表现出更强的物质主义倾向（Kasser and Sheldon，2000）。在面对突如其来的死亡威胁时，为缓解心理层面的恐惧感和匮乏感，人们往往会把物质主义作为一种防御策略，通过追求物质财富以减少威胁带来的痛苦（Chan and Prendergast，2007）。

　　已有研究发现，物质主义是影响消费者行为的重要因素，由于消费是个体获得物质商品的重要手段，因此持物质主义价值观的消费者更倾向于通过消费的方式来满足内心的各种需求（Fournier and Richins，1991；Kasser and Ahuvia，2002），甚至常常会由于透支性的消费而出现债务问题（Richins，2011）。物质主义还可能会对消费者的商品偏好产生影响，例如，已有研究发现持物质主义价值观的个体更偏好能够象征财富和地位的炫耀性商品（Goldsmith and Clark，2012），这是由于这些商品比普通商品更能满足他们对物质占有的心理需求。本书认为，由于稀缺的商品比普通商品蕴含着更多的经济价值和情感价值，也可能受到持物质主义价值观消费者的青睐，因此本书将在实证研究中检验物质主义对稀缺性消费的作用。

　　2. 归属需求与恐惧管理理论

　　由于恐惧管理理论也将追求归属感作为防御死亡威胁的重要防御机制，因此本书也将归属需求作为实证研究中的重要变量。归属需求是个体想要从属于某个群体或被某群体认同的需求（Maslow，1968）。Baumeister 和 Leary（1995）在归属需求理论中指出归属需求是个体寻求与社会团体或他人彼此稳固交往的动力，是个体由内而发的与外界进行积极稳定情感交流的动机。也有学者认为归属需求是个体想要被某群体接纳进而融入群体内部的心理动机（Carvallo and Pelham，2006）。个体的归属需求受到多方面因素的影响，一部分研究发现内在稳定因素会影响个体归属需求，如自尊。个体的自尊水平越低，其归属感越弱（Pickett et al.，2004），为了维系关系，低自尊者的归属需求也就更高（Rudich and Vallacher，1999）。另一部分研究则发现外在的情境因素会影响个体的归属需求，由于归属需求是个体的一项基本需求，可以给个体带来安全感，因此当外界环境对个体归属需求或安全感产生威胁时，他们会通过寻求归属来补偿内心的不安全感，例如，社会排斥领域的研究发现，当个体受到排斥时，其会产生融入群体的愿望，进而激发其产生归属需求（Williams and Sommer，1997）。由此可见，归属需求并不仅仅是一个人稳定的需求特征，在某些外在情境的影响下，出于补偿性的需求，个体的归属需求会增强。

归属需求作为个体的基本心理需求，当其得不到满足时，个体会通过特定消费行为来进行补偿，如购买拟人化品牌或产品，通过与具有人类特征的品牌或产品直接建立联系，满足归属需求（Chen et al.，2017）。他们还可能进行怀旧消费，通过过去的交往经历满足当前的归属需求（Seehusen et al.，2013）。此外，购买与群体身份相关的产品，以显示自身的群体身份，与群体成员建立联系也是满足归属需求的重要方式（Mead et al.，2011）。本书认为，体验消费往往涉及多人的共同参与，可以满足消费者的归属需求。因此本书将在实证研究中引入归属需求作为对体验消费的解释机制。

3. 领悟社会支持与恐惧管理理论

恐惧管理理论认为，当个体面对死亡威胁时，他们会追求归属感，而个体感受到的社会支持是他们归属感的重要来源。因此，本书也将领悟社会支持作为实证研究中的重要变量。社会支持指的是个体在困难情境下或日常生活中所获得的来自周围他人的支持与帮助（Sarason et al.，1991）。对社会支持的研究最早来源于压力研究领域，并且已有研究发现来自他人的社会支持可以有效缓解压力对个人心理与生理的不良影响。

在社会支持的研究领域中，研究者逐渐发现个体的社会支持可以分为客观和主观两种类型。客观的社会支持主要是个体从环境中切实获得的、真实存在的支持，如别人给予的经济和事物上的帮助。与此相对，主观的社会支持主要是个体主观感知到的来自他人的社会支持，这种主观的社会支持更多的是个体对自己是否被他人关怀和支持的一种情感体验（王雁飞，2004）。已有研究认为，这两种社会支持都可以增加个体应对压力和困难的心理资源，从而有利于个体在外在的不利环境下保护自己的身心健康。其不仅有利于降低个体焦虑、抑郁等各种负面的心理体验，还有利于提升个体幸福感等积极的心理体验。

尽管客观社会支持和主观社会支持都具有以上重要的作用，但是已有研究发现个体外在客观的社会支持和他所感受到的主观的社会支持并不完全一致，而且往往主观社会支持对个体心理与行为的影响更强。鉴于这种主观的社会支持是个体所领悟和感受到的一种体验，后续的研究将其称为领悟社会支持（Perceived Social Support）。Barrera（1986）将领悟社会支持定义为个体在遇到困难时，对所获得的各种支持和帮助的一种主观评价和自我感知。本书认为领悟社会支持和恐惧管理理论密切相关。首先，领悟社会支持可以作为个体应对这种困境和压力的心理资源。其次，领悟社会支持作为一种来自他人的关心和帮助，可以很好地满足个体的亲密关系和归属需求，这也恰恰是恐惧管理理论提出的防御机制之一。

4. 自尊与恐惧管理理论

由于恐惧管理理论也将自尊作为防御死亡威胁的重要防御机制，因此本书也将自尊作为实证研究中的重要变量。自尊是个体对自我能力和自我价值的总体性评估和判断（Rosenberg，1965），相对于低自尊个体而言，高自尊个体对自我在整体上有一个更为积极的评价。自尊作为一个重要特质变量，对个体的心理及行为具有重要影响。研究表明，低自尊个体更倾向于将外在的威胁归结于自身能力的不足，且对负面信息存在注意偏向（李海江等，2011）；而高自尊个体则更倾向于将外在威胁归结于环境因素，且更加关注自身的优点。因此，低自尊个体更容易表现出焦虑、不安等负面情绪，而高自尊个体则更多地表现出自信、乐观等（Baumeister et al.，2003）。

基于以上特质，不同自尊水平的个体在面对外在威胁时会有不同的行为表现。例如，Baumeister 等（2003）提出，个体的自尊会影响他们应对外在威胁时的策略选择。面对外在的威胁，低自尊的个体更倾向于采取自我保护的应对策略。这是由于低自尊的个体更倾向于认为自己拥有较少的资源和较弱的能力来抵御外在威胁，因此他们会对潜在的威胁更敏感（DeLongis et al.，1988），更倾向于为保护自己而进行各项积极的准备。而高自尊的个体认为他们拥有较多的资源和较强的能力来抵御外在的威胁，这会让他们在面对危险时表现得过度自信，乐观地估计风险，认为自己有足够的能力应对威胁，进而可能会对威胁表现出忽视的态度。当面对外在的威胁时，高自尊的个体更倾向于通过各种方式来证明自己其实没有受到威胁，甚至他们会在威胁面前冒各种风险来展示自己的强大，以此来维持自己的自尊。相反地，低自尊的个体更倾向于通过各种具体的手段来提升自己抵御威胁的能力。例如，Park 和 Maner（2009）发现当个体因为受到自己在吸引力方面存在不足的反馈而遭受自我威胁时，高自尊的个体更倾向于增加自己和他人的社会交往以此来证明自己其实是受欢迎和有吸引力的；而低自尊的个体更倾向于购买提升自己吸引力的商品，以此来应对威胁所产生的消极影响。基于以上理论可知，不同自尊水平的个体在面对外在威胁时的表现不同。

二 补偿控制理论

（一）控制感的概念与补偿控制理论的提出

控制感（Perceived Control）是个体在当前和未来环境中，对自己能够预测、影响和控制事件的个人信念与能力认知。控制感被认为是一项人类的基本需求。控制感下降会导致个体无法解释、预测生活中发生的事件，更无法知道生活中如何避免危险，因此，控制感下降的个体会感觉到强烈的紧张与焦虑（Antonovsky，1979）。高控制感的个体可以帮助自己远离和摆脱令人不舒服的情境，并相信自己可以成功地去创造美好的生活，也相信自己有能力对抗威胁从而避免不好事情的发生（Lerner，1980）。例如，Taylor（1983）发现，增强癌症患者的控制感可以提高他们对抗癌症的信心和能力，进而使得他们更加积极配合治疗。

控制感作为人类的基本需求，具有多维性、情境性和经验传递性（Skinner，1995）。首先，控制感并不是单维度的特质，而是一个自我对控制外界事物与环境的能力认知的集合体。该集合体中包含不同维度的能力认知，如学习维度的控制感、生活维度的控制感和社交维度的控制感等。其次，每个人在各个控制感维度的发展具有不平衡性。例如，一个善于交际的人在社交场所可能具有很强的控制感，但是在生活自理能力方面却具有较弱的控制感。控制感很容易受到环境和他人的影响而变化，具有情境的不稳定性。例如，一个学习维度控制感较弱的学生多次受到正向积极反馈，那么他的学习控制感就可能增强；而一个学习维度控制感较弱的学生多次受到负面反馈，那么他在该方面的控制感就可能减弱。最后，人们过去某维度的经验对现在和未来的控制感也会产生一定的影响。例如，某个学生过去经常考试失利，导致他面对考试的控制感很弱，那么以后再面临相似的场景时，他可能会受到以前经验影响出现控制感减弱的情况。

正如上文所言，由于控制感具有较强的波动性，人们经常会出现自己对所面临情境控制不足的感觉，从而产生控制感的缺失。例如，当我们发现自己的生活是受到他人摆布而不是自己决定时，会产生控制感的缺失；当我们发现自己的努力对结果的影响不大时，会产生控制感的缺失；当外界各种无法预测和干预的突发事件降临在我们身上时，我们会产生控制感的缺失。由于控制感是个体的一项基本需求，控制感的缺失会产生各种消极情绪和造成某些心理功能的失调（Janoff-Bulman，1992），因此，人们在控制感缺失的情况下会尝试通过各种方法来恢复控制感，从而呈现各种独特的行为。补偿控制理论就是一个针对这种情境提出的理论，是一个用于解释个体在控制感缺失情境下如何通过各种行为来补偿控制感的理论。

（二）补偿控制理论的主要观点和相关研究

1. 在控制感缺失的情况下，个体具有补偿控制感的强烈需求

出于安全感的需求，我们每个人都渴望生活在一个有序的可以预测和可以掌控的世界里，如果外在的环境是随机的，充满各种偶然的，那么我们每个人都会生活在不确定性的焦虑当中（Laurin et al.，2011）。然而，我们在生活当中经常遭遇各种不可预测和不可控的事件，这些事件会让个体感觉到对外在事物和自己生活掌控感的缺失，进而产生各种负面的情绪，甚至还会对个体的心理与生理健康产生影响（Ruthig et al.，2007；Infurna et al.，2011）。鉴于失去控制感是一个令人厌恶的状态，个体在感知控制感缺失的情况下，会采取各种方法来补偿自身的控制感。

补偿控制研究领域中最引人注目的发现可能就是"控制感的缺失会影响个体的知觉加工方式"。Cutright（2012）发现，控制感受到威胁的个体会通过寻求秩序感和结构化来补偿控制感缺失。例如，他们更渴望把一切都放在指定位置，以增强对环境的可控性；或者偏好环境中带有界限的物品，从而为他们提供结构上的安全感。控制感的缺失不仅影响知觉这种基础认

知功能，还会影响个体的信念结构。已有研究发现，控制感缺失的个体还会更加相信各种伪科学和阴谋论（Wang et al.，2012；Van Prooijen and Acker，2015），这是由于这些伪科学和阴谋论可以对某些问题提供一些确定性的解释。更有意思的是，控制感的缺失不仅会让个体对伪科学和阴谋论产生兴趣，同样还会让个体对科学理论产生兴趣，这是由于科学理论也可以起到给个体提供解释和增强控制感的功能（Rutjens et al.，2013）。

2. 人可以通过追求外在的控制来补偿内在控制感的缺失

由于控制感对人的身体健康和心理幸福感都具有重要作用（Langer and Rodin，1976），因此当个体控制感受到威胁时，他们会通过各种途径实现控制感修复。其中既包括通过提升个人内在的控制能力来追求个人控制（Personal Control），也包括通过寻求外界的帮助和外在的资源来达到外部控制（External Control）。补偿控制理论非常重要的一个发现便是，个体可以通过追求外在的控制来补偿控制感的缺失（Kay et al.，2010a，2010c）。例如，研究还发现控制感受到威胁的人会通过宗教信仰寻求帮助（Cutright，2012），因为神的权威感会让他们感觉自己生活的世界具有秩序性，以此使他们获得心理安慰。另外，社会政治制度系统，如政府，也可以作为个体的控制感补偿来源（Kay et al.，2010c）。政治制度所提供的公正性可以阻止社会中随意而杂乱的现象，可以培养人们的秩序感和增加人们对结构化的感知，因此依靠和认可政治制度系统可以增强人们的控制感。除此之外，生活中也有大量资源可以帮助个体维持控制感，如良好和稳定的亲密关系、良好的经济与物质条件。良好和稳定的亲密关系可以为个体提供实际的物质支持和一定的心理安慰，而金钱可以使自己更有能力应对威胁性的环境进而增强自我效能感（Zhou et al.，2009）。

3. 各种控制资源可以相互转化和补偿

根据补偿控制理论，个体在控制感缺失情况下所采取的补偿控制行为的共性在于：它们都是通过追求秩序和确定性来恢复控制感。无论这种行为的具体表现形式如何，控制的资源从何而来，只要可以起到恢复秩序和确定性的作用，就都有助于控制感的恢复。而一旦个体的控制感通过某个资源途径得到恢复，那么他们对其他控制感资源的需求就会降低；反之，如果个体在某一种资源上的控制感被剥夺，会促进他们对其他控制资源的需求。例如，已有研究发现，当政府的动荡性增强时，人们会增加对宗教和上帝的信任；而当个体的宗教信念受到威胁时，他们会更加支持政府以增强自己的控制感（Kay et al.，2010b）。以上现象出现的原因主要在于，宗教和政府作为一种外在的控制资源，都可以起到补偿个体控制感缺失的作用，因此它们之间的作用可以相互转化。由于控制感资源的可以相互转化性，个体控制感缺失的补偿方式不见得与控制感所缺失的方面有必然联系。例如，在职业生涯中缺乏控制感的个体既可以通过提升自己的职业技能来补偿控制感，也可以通过求神问卜的方式来补偿控制感。

（三）补偿控制理论与消费者行为

当人们的控制感受到威胁时，商品可以充当外部资源，为消费者提供控制感。因此，个体常常通过消费缓解自己内心的紧张状态，并成为个体控制感补偿的重要途径。在消费者行为学领域，研究者已经从多个角度对控制感与消费者行为之间的关系进行研究。

首先，已有研究发现控制感受到威胁的个体更倾向于结构化的消费，即在消费环境中购买体现秩序感和结构化的商品。例如，与新型产品相比，控制感较低的消费者更倾向于购买熟悉和可预测的商品，原因在于熟悉的商品具有结果可预知性，可以给人带来可控感。另外，也有研究发现，当个体控制感受到威胁时，与无边界的商品相比，消费者更喜欢带有有形或无形边界的商标、产品和环境（Cutright，2012）。Cutright（2012）认为这是由于与具有较强控制感的个体相比，控制感较弱的个体感觉到较大的自我注意负载（Attention Overload），而边界性商品可以帮助他们降低注意负载产生的负面情感，同时可以缩小环境中无关信息的范围并使个体关注环境中的关键元素。

其次，控制感与消费行为的另外一个研究视角是控制感对消费者高努力型产品和服务偏好的影响。努力是个体实现好结果的基本方式之一（Weiner，1972b），通过付出更多努力完成任务，并体验到成功的个体会增强自我效能感（Schunk, 1983）。因此，需要付出更多努力的商品可以增强控制感较弱消费者的能力感并帮助他们恢复控制感。Cutright 和 Adriana（2014）研究发现，与广告中宣称不需要太多努力就可以轻松获得好结果的耐克鞋相比，弱控制感组被试更倾向于购买广告中宣称需要付出更多努力才能获得好结果的耐克鞋。

再次，已有研究还发现控制感缺失也会导致消费者对幸运商品的偏好。幸运商品会使得消费者产生增强自我控制感的错觉，由于消费者认为幸运商品可以增强未来成功的可能性，因此控制感下降时消费者会更加偏爱幸运商品。例如，当球迷支持的球队获胜时他正在喝某一品牌的饮料，那么该饮料会被赋予幸运含义，以至于未来球队比赛时他也可能继续购买同一款商品（Hamerman and Johar, 2013）。

从次，控制感的缺失不仅会让个体进行更多补偿控制感的消费行为，还会让消费者避免可能进一步威胁他们控制感的消费选择。例如，Cutright等（2013）发现缺乏控制感的消费者更不喜欢某个品牌推出的新商品，因为消费者在使用习惯上更不适应新的商品，这可能会给个体的控制感造成更多威胁。Martin 等（2007）发现女性对体重的控制感可以影响她们对广告中女性模特的反应。具体而言，内控者认为自己可以控制自己的体重，基于自我参考，她们更喜欢广告中苗条的女性模特；而外控者感觉自己没有能力控制自己的体重，苗条模特对她们会形成一种威胁，因此她们对苗条女性模特的喜爱程度更低，而更偏爱肥胖女性模特。

最后，控制感还会对消费者情绪产生影响，进而影响消费者对消费环境和服务的评价。Hui 和 Bateson（1991）研究发现，当消费者在消费过程中体验到愉悦情绪，他们的控制感会得到提升，进而对消费环境和服务产生正面评价，这会更容易促成再次消费；然而，当消费者在消费中遇到不愉快经历时，会导致消费者控制感下降，进而对消费环境和服务产生负面评价而避免再次消费。恐怖袭击的威胁也会影响居民的控制感，进而影响他们的消费行为。Herzenstein 等（2015）的研究发现，过去十年受到恐怖袭击的以色列居民由于频繁接触恐怖主义事件，表现出强烈的控制欲望，但在消费上却出现退缩倾向。而退缩的程度取决于消费者对自我控制感的认知。当消费者感觉自己应对恐怖袭击的能力较低时，他们会改变消费偏好并出现消费退缩行为，如减少外出性的饭店消费、电影院消费等。

三 风险感知理论

（一）风险感知的概念与特性

我们经常会对外在的生存环境和某个特定事件中所蕴含的客观风险进行评估，进而形成对风险的感受和判断，这个心理过程就是风险感知（Risk Perception）（Slovic，1987）。本书研究的风险感知与传统消费者行为学研究的风险感知有所区别。本书研究的风险感知指公众在突发事件下感觉到生命、财产等有价值的东西受到威胁时所产生的心理反应（王炼、贾建民，2014）。而传统消费者行为学研究的风险感知指消费者对商品购买和使用过程中存在的潜在风险和不确定性的感知（赵宝春，2016）。

由于风险感知是一种个体的主观感知，那么个体在形成这种主观感知的过程中会基于很多因素来进行综合的评估。经典的风险理论认为，个体对一个事物风险程度的判断会受到该事件"发生的概率"和该事件"影响后果"的综合影响。例如，小行星撞击地球的事件后果是非常严重的，但是其发生的概率较低，因此我们在日常生活中不会把它当成一个重要的风险而产生强烈的风险感知。但是，如果最近国家航天局报道说有很多小行星逼近地球，那么小行星撞击地球的概率就会上升，人们对这件事情的风险感知也会越来越强烈。再举一个例子，摔倒的概率是非常高的，然而后果往往不是很严重，因此我们也不会在日常生活中形成对摔倒的风险感知，但是老年人摔倒的严重性是很大的，这就会导致老年人对摔倒的风险感知较强。基于以上理论，很多研究者对风险感知的特性提出了不同的见解。例如，Yates 和 Stone（1992）认为个体的风险感知会受到"该事件造成的损失"、"该损失对个体的意义"和"该事件发生的不确定性"三个特性的影响；Sitkin 和 Pablo（1992）则认为风险感知是由个体"对事件结果的预期"、"结果的不确定性"和"结果的潜在可能性"三个维度构成。由此可见，风险感知是一个复杂的心理过程。

（二）风险感知的代表性理论

1. 保护动机理论

"保护动机理论"是风险感知研究领域较为重要的理论，该理论认为由于风险会给个体带来潜在的损失，因此当个体感知到风险时会采取各种方法来保护自己，对风险采取预防性的措施，尽可能避免消极后果的发生（Sheeran et al.，2014）。保护动机理论还认为，个体对风险的评估以及预防性措施的采取会受到很多因素的影响。例如，DeJoy（1996）在安全生产领域的研究发现，从事具有风险性质工作的工人是否更多地采取保护性行为会受到他们自我效能的影响，具体来说，当工人们认为自己的行动和作为可以降低风险时，他们更可能主动采取保护性的行动。除此之外，个体是否采取降低风险的保护性行为还会受到先前经验的影响。例如，经历或目睹过安全事故的工人比没有这种经历的工人采取保护性行为的意愿更强（Mearns et al.，1998）。过去的经验不仅会直接影响个体的保护性行为，还会影响个体对周围风险的感知。例如，已有研究发现先前遭遇过环境危害的个体会更加关注环境的有害物质、空气质量等风险性指标（Gucer et al.，2003）。

2. 风险平衡理论

"风险平衡理论"是一个所解释的现象与"保护动机理论"所解释的现象相反的理论。风险平衡理论是一个主要解释为什么人们会去主动冒险的理论。在日常生活中我们经常会观察到某些人已经感知到某个行动具有风险却依然从事这个冒险行动，这一行为无法通过保护动机理论得到解释。风险平衡理论认为人会根据自己环境中的风险程度和保护措施来调整自己的冒险行为，即个体的风险偏好会有一个基准值，当他感觉到风险高于这个基准值时会采取行动降低风险，但是当他感觉到风险低于这个基准值时会放松对风险的防御，甚至会追求风险，这就是所谓的风险平衡（Wilde，1994）。基于风险平衡理论，已有研究者发现了如下现象：汽车安全性能的增加反而增加了驾驶者的危险驾驶行为（Aschenbrenner and Biehl，1994）；在有头盔等保护措施的情况下，儿童在运动中会做出更多的危险动作

（Morrongiello et al.，2007）；佩戴个人防护设备的工人在工作中会更加粗心
（Klen，1997）；等等。

3. 情景合理性理论

"情景合理性理论"从另外一个视角来看待冒险的行为和规避风险的行
为。在传统的价值立场上，我们都认为规避风险的行为是合理的，而冒险的
行为是不合理的。而情景合理性理论认为这种观点是有失公允的，我们应该
到具体的情景中去看待冒险行为和规避风险行为的合理性。也就是说，冒险
行为在特定的情景下具有它的合理性，某些冒险行为实际上是为了获得更大
的收益。例如，青春期的男性可能会从事很多冒险行为，但是这些行为却可
以起到吸引异性或者向伴侣展示自身忠贞的功能（Rhodes，1997；Cafri et al.，
2009），从而获得繁殖的成功。从进化角度来看，这些行为就是合理的。再
如，在职场中主动承担某些高风险的工作会更加得到领导的关注（Choudhry
and Fang，2008），在同伴中更愿意承担风险的人往往具有更高的社会地位等
（Mullen，2004；Keating and Halpern-Felsher，2008）。从追求收益角度来看，
这些冒险行为也是合理的。除此之外，很多冒险行为实际上是个体在权衡成
本之后的选择，从成本和收益权衡的角度来看这些行为也是合理的，如工人
们会为了追求工作效率而放弃掉采用某些防范风险的保护措施。

4. 习惯理论

"习惯理论"是一个解释为什么个体对某个行为和事件的风险感知会逐
渐降低的理论。该理论认为，风险是一个概率性的事件，并不必然导致严
重的后果。当个体多次从事某个行为或处于某个环境下而并没有出现严重
后果的时候，他们会逐步对该风险变得麻木，进而降低对该行为和事件的
风险感知（Kasperson et al.，1988；Weyman and Kelly，1999）。例如，
Rhodes（1997）发现吸毒者对过量注射毒品的风险感知显著低于普通人，
这是由于他们已经将过量注射毒品当成了一种习惯；Weller 等（2013）发
现习惯了在驾驶中使用手机的人比在驾驶中不使用手机的人会更加低估使
用手机的风险。习惯理论还发现，当冒险行为并没有马上导致损失时，风
险感知会持续降低，并导致更多的冒险性，进而形成恶性循环，这可能是
很多严重的危险事件发生的原因。

(三) 风险感知相关的实证研究

1. 风险感知的影响因素

由于在某些特定的情景下或某些特定的工作中，风险感知可能会对个体的行为产生直接的影响进而导致严重的后果，因此已有研究较为关注哪些因素会影响个体的风险感知。

首先，不同的个体对相同环境和事件的风险感知有所不同，因此一部分研究从个体差异的角度入手来探究风险感知的影响因素。例如，Yates 和 Stone（1992）认为风险往往同时包含着损失和收益的成分，因此个体更加关注损失还是更加关注收益的风险偏好会影响他们的风险感知和行动决策。再如，由于每个人对于特定风险事件的了解程度和知识基础的多少也有所差异，这也会影响他们的风险感知，然而已有研究对知识会如何影响个体的风险感知存在争议。一部分研究发现，随着个体对风险相关知识的增加，他们会更加客观地评价风险；而另一部分研究发现，伴随着个体对风险相关知识的增加，他们会对抵御风险更加自信，进而风险感知程度降低，对风险的焦虑也降低（Huang et al.，2016；Vernero and Montanari，2007）。

其次，来自他人的社会影响也可能会影响个体的风险感知。例如，Sarkar 和 Andreas（2004）发现当一个人的亲人和朋友中有危险驾驶习惯的人数较多时，他对危险驾驶的风险感知较低。已有研究还发现，不仅他人的习惯会影响个体的风险感知，某些情况下仅仅是因为他人的在场都会影响个体的风险感知。例如，青少年和其他同龄青少年一同驾驶汽车，比自己独自驾驶汽车时会更加低估危险驾驶的风险，进而更可能出现严重的事故（Chen et al.，2000；Preusser et al.，1998）。社会影响的另外一种表现形式是，个体可能会为了满足他人的某种期待而从事冒险性的行为。例如，在青少年群体中某些规避风险的行为可能会被同伴评价为懦弱（Cooper，2003）。当然，社会影响的作用并不仅是消极的，已有研究还发现那些与家长、学校拥有更加良好关系的青少年和拥有更加良好人际关系的成年人，从事冒险行为的可能性都会更小（McNeely and Falci，2004；Chapman et al.，2013）。

最后，已有研究发现有关风险信息的传达方式也会影响个体的风险感知，这一点在存在风险的突发事件中尤为重要。人们从何种渠道接收信息、信息披露的时效性、信息披露的方式等因素都会影响人们对风险的感知，如果信息传达方式不当的话，则可能引发公众的焦虑和集体性的恐慌（Slovic，1987）。

2. 风险感知偏差的研究

由于风险感知是个体的一个主观感知，因此经常会出现与实际风险产生偏差的情况。已有研究主要将这种偏差区分为"乐观偏差"和"悲观偏差"两种。前者指个体低估风险，认为自己不太可能遭受不幸的偏差；后者指个体高估风险，认为自己很可能遭受不幸的偏差。有关为什么个体会出现风险感知偏差的问题，已有研究从以下不同的角度给出了解释。

首先，从动机的角度，心理学的经典研究理论认为个体存在一种积极看待自己的动机，这种积极看待自己的动机不仅会让他们认为自己在能力、道德、地位等方面高于人群的平均水平，以此来维护自己的自尊（Klein and Helweg-Larsen，2002），同时还会让他们低估自己可能遭受失败、不幸等负面事件发生的概率，以此来降低自己的焦虑（Chambers and Windschitl，2004）。因此，在面临风险时个体可能受心理防御机制的支配而过于乐观地看待自己所遭受的风险，进而出现乐观偏差。例如，已有研究发现当人们评估自己罹患疾病和遭受意外等不幸事件的概率时，要低于评估他人遭受相同事件的概率（Perloff and Fetzer，1986）。

其次，另外一些研究从信息加工的角度探究了风险感知偏差产生的原因。由于有关风险事件的信息是海量的，而人能够加工的信息是有限的，因此人们只能选择海量信息当中的一部分来进行认知加工，正是这种信息的片面性才会让个体的风险感知产生偏差。已有研究发现，在人们处理有关风险的信息时，往往存在自我中心偏差，即个体更加关注和自己有关的信息，并且基于这些信息进行决策，而更加忽视与他人相关的信息，从而在判断自己的风险和判断他人的风险时有所差别（Chambers and Suls，2007）。Moore 和 Small（2008）发现在个体加工风险信息的时候，他们通常精细化地加工有关自己如何应对风险的信息，因此他们会认为自己有更多抵御风险的资源和降低风险的方法，进而低估风险。而在加工与别人有关风险的信息时，他们对他人如何应对风险和降低风险的信息加工是缺失的，这会导致他们高估别人的风险。除了从自我中心的角度来解释信息偏差的影响外，Polman（2010）还发现个体在决策时会倾向于接受与自己的价值和信念相一致的信息，而忽视与自己的价值和信念不一致的信息，这会导致个体在为自己决策时产生更大的信息偏差。

四　意义维持模型

（一）意义维持模型的提出

意义维持模型（Meaning Maintenance Model）最初在心理学领域由Heine 等（2006）提出，其核心假设是我们每个人都有一套用来认知和简化世界的意义系统，然而现实生活中总会有一些情景与这个意义系统相违背的情况，此时个体就会感知到一种威胁，并产生厌恶的情绪。为了降低这种厌恶感，个体会采取各种方法来消除其影响，这就成了人们常见的补偿行为的动机基础（Proulx and Inzlicht，2012）。

意义维持模型的提出其实是为了在社会心理学各项已有动机理论的基础上建立一个统合性的理论。在意义维持模型提出之前，社会心理学领域存在众多解释人在心理威胁情境下社会动机的理论。例如，恐惧管理理论、认知失调理论、补偿控制理论、不确定性管理模型等（左世江等，2016）。这些模型所具有的共性都是强调外在威胁引发个体消除这种威胁的内驱力，并最终表现出各种行为。但是，这些模型所强调的侧重点又各不相同。例如，恐惧管理理论强调，个体求生意愿和终将死亡的事实会给个体带来焦虑情绪，从而激发个体采取具体的行动来降低死亡预期给其带来的消极影响（Burke et al.，2010）。认知失调理论提出，个体的内部一致性受到挑战时会激发个体保持一致性的社会动机，促进个体调整自己的行为、态度和价值观，改变失调带来的不愉快体验（Brehm，2007）。Heine 等（2006）就上述理论进行了更深层次的整合，提出上述社会动机都可以用意义维持进行概括。他们认为无论是外在死亡的威胁，还是内部认知的失调，任何形式的威胁都是对个体意义系统的威胁，他们称之为"意义违反"。意义违反会激发个体意义维持的动机，使个体通过采取相应的行为对意义系统进行补偿。

（二）意义维持模型的理论机制

意义（Meaning）是意义维持模型的核心概念。意义维持模型中的意义并不完全是我们日常所指的生活意义，而是个体为了理解和应对所处的复杂环境发展出的用于组织事物之间的联系、简化世界的规则系统（左世江等，2016）。意义对于个体至关重要，个体以自己的意义系统来认识和解释世界，并以此为基础与周围的一切进行互动（Proulx et al.，2012）。根据意义维持模型，意义系统由四部分组成：自尊、确定感、归属感和象征性不朽。具体表现为：个体倾向于寻求自我概念的积极性和个人价值的最大化；消除个人不确定性和情境模糊性；培养亲密的社会关系、寻求社会归属感；将自己和更大、更持久存续的实体联系起来（如宗教、国家等），追求个人持久的意义延续（如出版一篇具有开创性意义的作品）以使个体在死亡后能够以另外一种方式继续存在。

在意义维持模型（见图3-1）中，意义维持的过程由意义违反、厌恶唤起、行为补偿三个过程组成，三者之间呈时间顺序出现，且存在因果关系。当个体生活中出现与意义系统相违背的事物、行为或刺激时，个体的意义系统会受到威胁，我们称之为"意义违反"；意义违反会引起个体在生理和心理上的厌恶情绪，我们称之为"厌恶唤起"；厌恶情绪会激发个体的意义维持动机，随后个体会采取一些行为进行补偿，以此来缓解厌恶情绪和维持个人的意义系统，我们称之为"行为补偿"。下文将依照图3-1的理论框架来具体对意义维持模型的核心观点进行阐述。

1. 意义违反

意义违反（Meaning Violation）是指外在的事物与自己已有的意义系统相冲突或违背的情境。已有文献提出不确定、不一致和预期违背是意义违反的三种常见形式（Markman et al.，2012）。不确定（Uncertainty）指个体无法对周围的环境做出准确预测的情况。举一个例子，一个长期在亚洲某

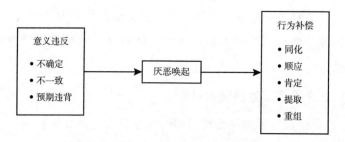

图 3-1 意义维持模型的理论框架

一国家或地区生活的人，移民到欧洲后会进入一个全新的拥有不同文化和生活背景的情境，原有的意义系统无法很好地指导他在新环境下的生活规则，此时他会变得难以预测别人行为的含义，也很难预测自己的行为会导致他人什么样的反馈，此时他所遭遇的意义违反就是"不确定"。不一致（Dissonance）指个体的观念与从事的行为之间从属于不同的逻辑规则，彼此间不一致的情况与前面提到的认知失调理论较为相似。例如，一个品学兼优的学生干部认为自己应当为全班同学在学习上树立榜样，但是在考试中他却因为担心成绩不好而去抄袭，这便出现了他对自己的认知与实际发生行为的冲突，此时他所遭遇的意义违反便是"不一致"。预期违背（Violation of Expectancy）是指发生的事实与个体的自我图式预期、世界观预期或分类预期相违背。例如，个体预测以自己的能力一定会得到某个工作，但是在面试中落榜，那么他将感受到自我图式预期的违背，即自己对自己的认知与现实结果是违背的；如果某个人认为他所生活的世界和环境是安全的，但是最近自己却亲身经历了抢劫事件，那么他将感受到世界观预期的违背，即自己对世界的信念和预期与现实结果是违背的；如果一个衣衫褴褛的拾荒者在高级酒店就餐，我们会感觉到这个场景是不协调的，甚至会感觉困惑，这时我们感受到的可能是对分类预期的违背。

2. 厌恶唤起

厌恶唤起在意义维持模型中发挥着承上启下的作用，将意义违反和行为补偿有效地连接起来。已有研究发现意义违反会引起个体生理厌恶的感觉，缓解甚至消除厌恶情绪是行为补偿的直接动力。由于厌恶更倾向于是生理层面的反映，因此对厌恶唤起的生理层面的研究更为丰富。例如，Proulx 和 Inzlicht（2012）发现意义违反引起的生理厌恶表现为肾上腺素和皮质醇含量的上升、皮肤电的增加、瞳孔放大、血管收缩和心脏活动的改变等。Mendes 等（2007）以心血管指标为测量标准，用操纵口音的方法实现意义违反，结果发现当个体和带有美国南方口音的亚洲裔主试谈话后，个体的心血管指标表现出威胁响应的现象。脑科学研究发现，前扣带回是伴随着意义违反活跃性较强的脑区结构，一般认为前扣带回具有监控冲突、检测错误和情绪加工等作用（Shackman et al., 2011）。目前对于厌恶唤起是否能够在意义违反和行为补偿之间起中介作用的问题仍存在以下两点争论：首先，并不是所有的意义违反都能够引起情绪或者心理上的厌恶；其次，对肾上腺素、心血管和脑区结构等生理指标的测量只能证明特定心理状态的改变，无法解释个体内在心理过程的变化情况。

3. 行为补偿

行为补偿是个体对意义违反和厌恶唤起做出的行为响应。Proulx 和 Inzlicht（2012）提出了 5 种行为补偿策略，即同化、顺应、肯定、提取和重组。其中同化和顺应都属于对意义违反的直接回应。不同点在于同化（Assimilation）是指个体通过对意义违反的外部事物进行重新解释，使其与个人的意义系统相符合。而顺应（Accommodation）强调对个体的现有意义系统进行调整，使其能够解释外部事物。例如，当我们在生活中遇到从未经历过的新奇事物时，我们首先会选择运用现有的图式对其进行解释，而当现有意义系统无法解释该种现象时，人们一般会选择调整自己的现有认知系统来适应该事物。与同化和顺应不同，肯定和提取不是对被违反的意义直接做出回应，而是在其他领域寻求意义肯定，体现了流动性补偿（Liquidity Compensation）的策略。肯定（Affirmation）指个体在某方面的意义系统遭受违反后，会倾向于从其他领域寻求意义认同。例如，一个在追求学业成绩上失败的学生，可能会加强自己在人际方面的努力，在人际交往中寻找意义，以此来补偿自己的意义系统。提取（Abstraction）指在意义违反后，个体会倾向于去创造事物之间的联系，丰富个体的意义系统来解释外在现象。例如，当个体面对充满不确定性的生活时，可能会更加相信迷信，从无序的事物中创造规律，以此来解释事物。重组（Reassembly）指对现有的意义系统进行大规模调整，改变其组织方式的一种补偿策略。

（三）已有意义维持模型的相关研究

已有文献对意义维持模型的研究主要集中在心理学领域，并且最重要的发现是：当个体的意义受到威胁时他们会产生更强烈的意义需求，并采取一系列的行为来进行意义补偿。例如，已有研究发现在个体的意义受到威胁时他们会更加认同自己的宗教信仰、更加寻求人际的亲密关系和归属、更倾向于表现出亲社会行为等，这是由于宗教信仰可以让个体获得更多的意义，并且人类生活的意义很大程度上是在人际关系中获取的，因此个体可以通过认同宗教信仰和增加人际亲密关系的行为来补偿其所受到的意义威胁（Proulx and Heine，2006）。除此之外，意义威胁还会提升个体对自己工作的投入程度，因为工作也是个体获得意义的重要来源。除了通过社会行为来补偿意义威胁以外，已有研究发现在意义威胁的情境下，个体还会增加寻求意义的认知上的努力。例如，已有研究发现当个体原有的认知图式受到挑战时，他们会感觉到意义违反，这个时候他们会努力在其他的认知任务上寻找结构和模式，他们会更倾向于将随机性的信息感知成有模式和有意义的（Proulx and Heine，2006），并且会付出更多的努力去学习一些新的认知图式。值得注意的是，以上这些意义补偿的行为更多的是与意义违反本身不相关的行为，即人们会通过在其他方面寻找模式和意义来补偿自己在某个方面所遭受的意义威胁。因此，已有研究将这种行为称为"流动性补偿"。

来自意义维持模型的另外一些研究则比较关注意义感的积极作用。例如，已有研究发现意义感可以提升个体的自尊水平，并且让个体拥有幸福感更强的生活。已有研究还发现意义感还具有帮助个体应对其他形式威胁的作用。例如，在死亡凸显的情境下，意义感可以减少个体防御机制的使用情况，这说明意义感具有帮助个体缓解死亡恐惧消极影响的作用（Proulx and Heine，2006）。再如，在存在个体自我不确定性的情况下，个体过去自我与现在自我之间的自我连续性会增强，这是由于自我连续性可以给个体带来更强的意义感（Yang et al.，2020）。通过以上文献我们可以看到，意义维持模型相关领域的研究主要关注个体在受到意义违反或其他形式威胁的时候，会通过何种行为来进行意义补偿，但是这些研究主要集中在心理学领域，在消费者行为学领域展开的研究则相对缺乏。

第二节　实证研究的方法

一　研究设计

本书实证研究将采取问卷调查与客观数据相结合的方式分析本体安全感对居民消费行为的影响。其中客观数据来自我国 2020 年国家卫健委公布的各省区市的突发事件相关数据，该客观数据用于量化居民所体验到的本体安全感威胁。在 2020 年上半年笔者通过问卷在全国范围内收集了居民消费行为、消费偏好和心理状态的相关数据，并且在半年后进行了跟踪调查。这两批数据分别代表本体安全感威胁事件爆发期和恢复期消费者的行为和心理特征。我们将反映本体安全感威胁的客观数据与问卷调查的数据相关联，再通过统计分析方法对本书后续四个研究中提出的理论模型进行实证检验。

二　问卷调查程序

问卷调查采取区域抽样的方法，对除港澳台以外的我国 31 个省级行政区进行配额抽样，每个区域配额 50 个样本。我们选取发放网络问卷的形式，并且选择 Credamo 在线调研平台为问卷发放的平台，本书实证研究的被试均取自 Credamo 的网络调研被试库。我们通过 Credamo 数据平台向每个省区市被试库的手机微信中发送调研问卷，每个省区市的有效样本达到 50 个后，数据收集将自动停止，有效问卷将获得 10 元报酬。

为了保证问卷的有效性，我们采取了以下措施：第一，在问卷中设定了 IP 锁定，每个 IP 只能填答一次，以免出现重复填答的情况；第二，被试回答问卷时的手机定位需要与我们所设定的区域相一致，以保证问卷调查的数据可以关联到该区域相关的客观数据；第三，在问卷中我们随机设定了多个侦测题项以检验被试是否认真审题、答题，例如，"这道题请忽略题干，选择 3"，侦测题项回答错误的被试说明没有认真审题和答题，该问卷将不能进入数据库。不符合标准的被试将不能开始或完成问卷调研。最终，我们获得了全国 31 个省区市 297 个地级市 1548 名居民的相关数据（西藏和青海由于网络调查响应人数较少，在问卷截止时各有一个样本缺失）。具体问卷调查样本的人口学构成见表 3-1。

表 3-1　问卷调查数据的样本分布

样本特征	样本分布	数量（人）	比例（%）	样本特征	样本分布	数量（人）	比例（%）
性别	男	863	55.7	个人平均月花销	1000 元及以下	546	35.3
	女	685	44.3		1000~3000 元	777	50.2
受教育程度	高中/中专及以下	362	23.4		3000~5000 元	159	10.3
	大学本科/专科	1046	67.6		5000 元以上	66	4.3
	硕士研究生及以上	140	9.0	家庭平均月收入	5000 元及以下	344	22.2
年龄	25 岁及以下	731	47.2		5000~10000 元	551	35.6
	25~40 岁	716	46.3		10000~20000 元	456	29.5
	40 岁以上	101	6.5		20000 元以上	197	12.7
个人平均月收入	3000 元及以下	591	38.2	家庭平均月花销	3000 元及以下	606	39.1
	3000~6000 元	557	36.0		3000~6000 元	549	35.5
	6000~10000 元	308	19.9		6000~10000 元	266	17.2
	10000 元以上	92	5.9		10000 元以上	127	8.2

在正式问卷调查的半年后，我们又进行了跟踪调查。我们仍然使用 Credamo 在线调研平台展开。由于研究经费的有限性，跟踪调查在首批调查问卷的样本中根据区域随机抽取了 500 个被试，然后向他们的手机微信中发放调查问卷，共回收问卷 466 份，问卷回收率为 93.2%。我们采取了与正式调查时相同的保障问卷有效性的措施，即 IP 匹配、手机定位和侦测题项，有效问卷会获得 10 元报酬。跟踪调查样本的人口学构成见表 3-2。

表 3-2　跟踪调查数据的样本分布

样本特征	样本分布	数量（人）	比例（%）	样本特征	样本分布	数量（人）	比例（%）
性别	男	262	56.2	个人平均月花销	1000 元及以下	139	29.8
	女	204	43.8		1000~3000 元	249	53.4
受教育程度	高中/中专及以下	68	14.6		3000~5000 元	59	12.7
	大学本科/专科	367	78.7		5000 元以上	19	4.1
	硕士研究生及以上	31	6.7	家庭平均月收入	5000 元及以下	61	13.1
年龄	25 岁及以下	84	18.0		5000~10000 元	155	33.3
	25~40 岁	353	75.8		10000~20000 元	183	39.2
	40 岁以上	29	6.2		20000 元以上	67	14.4
个人平均月收入	3000 元及以下	70	15.0	家庭平均月花销	3000 元及以下	142	30.5
	3000~6000 元	235	50.5		3000~6000 元	192	41.2
	6000~10000 元	126	27.0		6000~10000 元	90	19.3
	10000 元以上	35	7.5		10000 元以上	42	9.0

三　问卷调查的测量工具和信效度检验

本书实证研究问卷调查所涉及的变量包括：从众消费、稀缺性消费、健康消费、体验消费、控制感、物质主义、领悟社会支持、恐惧感、风险感知、归属需求和自尊。下面我们将详细阐释所有问卷调查量表选取和编制的依据，并呈现所有题项的具体内容以方便读者参考和理解。研究工具测量方法的准确性和信效度分析的科学性是保障实证研究结果可靠性最关键的环节，因此我们还对以上变量进行了信度和效度检验。在信度检验上，我们主要检验了各变量的一致性信度，并且以"克隆巴赫α系数"、"修正后题项与总分相关值"（CITC）和"剔除项目后α系数"三个系数为指标来反映一致性信度。在效度检验上，我们采用验证性因子分析方法分析了每道题项在潜变量上的"因子负载"，并且分析了"组合信度"和"平均方差抽取量"（AVE）。具体内容如下。

（一）从众消费的测量与信效度分析

我们基于蔺国伟等（2015）使用的从众消费量表，编制了 6 道题项，具体题项见表 3-3。每道题项包含一个反映被试最近消费行为的描述，让被试采取李克特 5 点计分法评价对该描述的同意程度（1 代表完全不同意，5 代表完全同意）。其中 3 道题项用于测量居民的信息性从众消费（缩写编号为 MC），3 道题项用于测量居民的规范性从众消费（缩写编号为 NC）。

表 3-3　从众消费量表的题项构成

变量	维度	题号	题项
从众消费	信息性从众消费	MC1	我最近的购买决策很大程度上受到专家推荐的影响
		MC2	我最近的购买决策很大程度上受到亲朋好友建议的影响
		MC3	我最近的购买决策很大程度上受到网络上的信息影响
	规范性从众消费	NC1	我最近因为周围的人都购买了某些商品而去购买这些商品
		NC2	我最近参与了对某些商品的抢购
		NC3	只有购买了大多数人购买的商品，我才会觉得比较安心

我们采用一致性信度作为信度检验的指标对信息性从众消费和规范性从众消费的信度进行检验，结果见表 3-4。通过表 3-4 我们可以看到，首批调研数据信息性从众消费分量表的 α 系数为 0.748，并且所有 CITC 均大于 0.5，剔除项目后 α 系数最大为 0.710，小于现在的 α 系数，说明信息性从众消费分量表 3 道题项的一致性信度较好。规范性从众消费分量表的 α 系数为 0.813，并且所有 CITC 均大于 0.6，剔除项目后 α 系数最大为 0.776，小于现在的 α 系数，说明规范性从众消费分量表 3 道题项的一致性信度较好。除了首批调查数据以外，我们还使用跟踪调查数据对从众消费量表的信度进行验证，结果发现信息性从众消费分量表的 α 系数为 0.718，并且所有 CITC 均大于 0.5，剔除项目后 α 系数最大为 0.688，小于现在的 α 系数，再次说明信息性从众消费分量表 3 道题项的一致性信度较好。规范性从众消费分量表的 α 系数为 0.731，并且

所有 CITC 均大于 0.5，剔除项目后 α 系数最大为 0.716，小于现在的 α 系数，再次说明规范性从众消费分量表 3 道题项的一致性信度较好。

表 3-4 从众消费量表的信效度指标

数据来源	维度	题号	CITC	剔除项目后 α 系数	因子负载	α 系数	组合信度	AVE
首批调查数据 （$N=1548$）	信息性从众消费	MC1	0.535	0.710	0.757	0.748	0.856	0.665
		MC2	0.618	0.618	0.834			
		MC3	0.575	0.664	0.852			
	规范性从众消费	NC1	0.690	0.718	0.858	0.813	0.890	0.729
		NC2	0.636	0.776	0.827			
		NC3	0.669	0.737	0.876			
跟踪调查数据 （$N=466$）	信息性从众消费	MC1	0.522	0.648	0.710	0.718	0.825	0.681
		MC2	0.605	0.546	0.735			
		MC3	0.501	0.688	0.893			
	规范性从众消费	NC1	0.617	0.575	0.858	0.731	0.851	0.656
		NC2	0.504	0.716	0.765			
		NC3	0.553	0.647	0.803			

注：CITC 指修正后题项与总分相关值；α 系数指克隆巴赫 α 系数；AVE 为平均方差抽取量。

通过表 3-4 我们可以看到，验证性因子分析的结果表明，在首批调查数据中，信息性从众消费分量表和规范性从众消费分量表各题项的因子负载、组合信度和 AVE 值全部高于各自的标准[1]，说明这两个变量的效度较好。在跟踪调查数据中，信息性从众消费分量表和规范性从众消费分量表各题项的因子负载、组合信度和 AVE 值也全部高于各自的标准，再次验证了这两个变量的效度良好。

（二）稀缺性消费的测量与信效度分析

本书对稀缺性消费的测量借鉴了 Sharma 和 Alter（2012）的研究，并进行了改编，每道题项反映一个对被试最近消费行为的描述，让被试采取李克特 5 点计

---

[1] 本书将因子负载的标准定为 0.6，大于 0.6 表明变量效度较好；将组合信度的标准定为 0.7；将 AVE 的标准定为 0.5。

分法评价对该描述的同意程度（1 代表完全不同意，5 代表完全同意），最终取平均分作为稀缺性消费的指标（缩写编号为 S），具体题项见表 3-5。

表 3-5　稀缺性消费量表的题项构成

变量	题号	题项
稀缺性消费	S1	最近我会因为一个商品的稀缺而去购买它
	S2	最近我愿意为获得稀缺性的商品而多支付一些金钱
	S3	最近我愿意为获得稀缺的商品多付出一些努力（排队、托人等）

我们采用一致性信度作为信度检验的指标，信度检验的结果见表 3-6。通过表 3-6 我们可以看到，首批调查数据稀缺性消费量表的 α 系数为 0.823，并且所有 CITC 均大于 0.6，剔除项目后 α 系数最大为 0.817，小于现在的 α 系数，说明稀缺性消费量表 3 道题项的一致性信度较好。跟踪调查数据稀缺性消费量表的 α 系数为 0.865，并且所有 CITC 均大于 0.7，剔除项目后 α 系数最大为 0.837，小于现在的 α 系数，再次说明稀缺性消费量表 3 道题项的一致性信度较好。

表 3-6　稀缺性消费量表的信效度指标

数据来源	题号	CITC	剔除项目后 α 系数	因子负载	α 系数	组合信度	AVE
首批调查数据（N = 1548）	S1	0.616	0.817	0.789	0.823	0.893	0.736
	S2	0.719	0.715	0.914			
	S3	0.705	0.729	0.867			
跟踪调查数据（N = 466）	S1	0.712	0.837	0.874	0.865	0.917	0.786
	S2	0.769	0.784	0.889			
	S3	0.748	0.804	0.897			

注：CITC 指修正后题项与总分相关值；α 系数指克隆巴赫 α 系数；AVE 为平均方差抽取量。

通过表 3-6 我们还可以看到，验证性因子分析的结果表明，在首批调查数据中，稀缺性消费量表各题项的因子负载、组合信度和 AVE 值全部高于各自的标准，说明稀缺性消费变量的效度较好。在跟踪调查数据中，稀缺性消费量表各题项的因子负载、组合信度和 AVE 值也全部高于各自的标准，再次验证了该变量的效度良好。

（三）健康消费的测量与信效度分析

我们采用以下自编的 3 道题项来对居民的健康消费意愿进行测量，每道题项反映一个对被试最近消费意愿的描述，让被试采取李克特 5 点计分法评价对该描述的同意程度（1 代表完全不同意，5 代表完全同意），最终取平均分作为健康消费的指标（缩写编号为 H），具体题项见表 3-7。

表 3-7　健康消费量表的题项构成

变量	题号	题项
健康消费	H1	未来，我会主动地去寻找和购买那些有益于我健康的商品
	H2	未来，在做消费决策的时候，我会主要考虑健康因素
	H3	未来，我宁愿支付更高的价格去购买更健康的商品

我们采用一致性信度作为信度检验的指标，信度检验的结果见表 3-8。通过表 3-8 我们可以看到，首批调查数据健康消费量表的 α 系数为 0.702，并且所有 CITC 均大于或等于 0.5，剔除项目后 α 系数最大为 0.653，小于现在的 α 系数，说明健康消费量表 3 道题项的一致性信度较好。跟踪调查数据健康消费量表的 α 系数为 0.715，并且所有 CITC 均大于 0.5，剔除项目后 α 系数最大为 0.677，小于现在的 α 系数，再次说明健康消费量表 3 道题项的一致性信度较好。

表 3-8　健康消费量表的信效度指标

数据来源	题号	CITC	剔除项目后 α 系数	因子负载	α 系数	组合信度	AVE
首批调查数据（N = 1548）	H1	0.539	0.586	0.807	0.702	0.835	0.629
	H2	0.537	0.599	0.851			
	H3	0.500	0.653	0.716			

续表

数据来源	题号	CITC	剔除项目后 α 系数	因子负载	α 系数	组合信度	AVE
跟踪调查数据 （$N = 466$）	H1	0.564	0.560	0.861	0.715	0.833	0.626
	H2	0.535	0.605	0.828			
	H3	0.501	0.677	0.672			

注：CITC 指修正后题项与总分相关值；α 系数指克隆巴赫 α 系数；AVE 为平均方差抽取量。

通过表 3-8 我们还可以看到，验证性因子分析的结果表明，在首批调查数据中，健康消费量表各题项的因子负载、组合信度和 AVE 值全部高于各自的标准，说明健康消费变量的效度较好。在跟踪调查数据中，健康消费量表各题项的因子负载、组合信度和 AVE 值也全部高于各自的标准，再次验证了该变量的效度良好。

（四）体验消费的测量与信效度分析

对体验消费的测量，我们采用 Howell 等（2012）编制的量表中的 3 道题项进行测量。在答题前，我们先以实物消费为参照，通过对比向被试介绍体验消费的概念。介绍的概念如下：实物消费是指对那些有形的物质商品的购买行为，如衣服、鞋包、饰品、电子商品、日用品等；体验消费是指对那些无形的体验服务的消费行为，如旅游、看电影、唱 K、看演唱会、聚餐等。在看完以上介绍后，让被试采取李克特 5 点计分法评价自己的消费偏好，最终取平均分作为体验消费的指标（缩写编号为 E），具体题项见表 3-9。

表 3-9　体验消费量表的题项构成

变量	题号	题项
体验消费	E1	此刻,如果有钱的话你更倾向于选择哪种消费?（1 代表完全倾向于实物消费,5 代表完全倾向于体验消费）
	E2	此刻,进行哪种消费会让你更开心?（1 代表完全倾向于实物消费,5 代表完全倾向于体验消费）
	E3	有些人会花钱在不同的生活体验(如旅游、看电影、唱 K、看演唱会、聚餐等)上,他们通过各种体验来享受生活,此刻,你多大程度上想要这样?（1 代表非常不愿意,5 代表非常愿意）

我们采用一致性信度作为信度检验的指标，信度检验的结果见表 3-10。通过表 3-10 我们可以看到，首批调查数据体验消费量表的 α 系数为 0.762，并且所有 CITC 均大于 0.5，剔除项目后 α 系数最大为 0.760，小于现在的 α 系数，说明体验消费量表 3 道题项的一致性信度较好。跟踪调查数据体验消费量表的 α 系数为 0.801，并且所有 CITC 均大于 0.5，剔除项目后 α 系数最大为 0.800，小于现在的 α 系数，再次说明体验消费量表 3 道题项的一致性信度较好。

表 3-10　体验消费量表的信效度指标

数据来源	题号	CITC	剔除项目后 α 系数	因子负载	α 系数	组合信度	AVE
首批调查数据（$N=1548$）	E1	0.621	0.593	0.769	0.762	0.790	0.558
	E2	0.667	0.531	0.802			
	E3	0.540	0.760	0.663			
跟踪调查数据（$N=466$）	E1	0.723	0.596	0.900	0.801	0.860	0.681
	E2	0.722	0.598	0.950			
	E3	0.577	0.800	0.575			

注：CITC 指修正后题项与总分相关值；α 系数指克隆巴赫 α 系数；AVE 为平均方差抽取量。

通过表 3-10 我们还可以看到，验证性因子分析的结果表明，在首批调查数据中，体验消费量表各题项的因子负载、组合信度和 AVE 值全部高于各自的标准，说明体验消费变量的效度较好。在跟踪调查数据中，体验消费量表各题项中虽然第 3 道题项的因子负载略低，但是组合信度和 AVE 值均高于各自的标准，再次验证了该变量的效度良好。

（五）控制感的测量与信效度分析

控制感的测量采用柳武妹等（2014）测量情境性控制感的量表。该量表由 3 道题项组成，每道题项反映一个对被试最近心理状态的描述，让被试采取李克特 5 点计分法评价对该描述的同意程度（1 代表完全不同意，5 代表完全同意）。由于这 3 道题项是反向问题，所以计分时将被试的分数进行反向计分，并且取平均分作为控制感的指标（缩写编号为 C），具体题项见表 3-11。

表 3-11　控制感量表的题项构成

变量	题号	题项
	C1	此刻,我感到自己是无助的
控制感	C2	此刻,我感到自己是无力的
	C3	此刻,我感到自己是缺乏控制感的

我们采用一致性信度作为信度检验的指标，信度检验的结果见表 3-12。通过表 3-12 我们可以看到，首批调查数据控制感量表的 α 系数为 0.852，并且所有 CITC 均大于 0.6，剔除项目后 α 系数最大为 0.849，小于现在的 α 系数，说明控制感量表 3 道题项的一致性信度较好。跟踪调查数据控制感量表的 α 系数为 0.877，并且所有 CITC 均大于 0.6，剔除项目后 α 系数最大为 0.875，小于现在的 α 系数，再次说明控制感量表 3 道题项的一致性信度较好。

表 3-12　控制感量表的信效度指标

数据来源	题号	CITC	剔除项目后 α 系数	因子负载	α 系数	组合信度	AVE
首批调查数据 （$N = 1548$）	C1	0.745	0.775	0.892			
	C2	0.766	0.750	0.892	0.852	0.911	0.773
	C3	0.663	0.849	0.853			
跟踪调查数据 （$N = 466$）	C1	0.793	0.799	0.867			
	C2	0.801	0.789	0.819	0.877	0.909	0.769
	C3	0.696	0.875	0.941			

注：CITC 指修正后题项与总分相关值；α 系数指克隆巴赫 α 系数；AVE 为平均方差抽取量。

通过表 3-12 我们还可以看到，验证性因子分析的结果表明，在首批调查数据中，控制感量表各题项的因子负载、组合信度和 AVE 值全部高于各自的标准，说明控制感变量的效度较好。在跟踪调查数据中，控制感量表各题项的因子负载、组合信度和 AVE 值也全部高于各自的标准，再次验证了该变量的效度良好。

（六）物质主义的测量与信效度分析

我们选取陈增祥等（2014）翻译和使用的测量物质主义量表中的 8 道题项测量居民的物质主义倾向，每道题项反映一个对被试行为或认知的描述，让被试采取李克特 5 点计分法评价对该描述的同意程度（1 代表完全不同意，5 代表完全同意），将这 8 道题项的平均分作为物质主义的指标（缩写编号为 M），具体题项见表 3-13。

表 3-13　物质主义量表的题项构成

变量	题号	题项
物质主义	M1	我羡慕那些拥有昂贵的房子、汽车和服饰的人
	M2	我拥有多少东西可以反映我的生活有多好
	M3	我喜欢拥有那些让人感到羡慕的东西
	M4	购物会带给我很多的快乐
	M5	我是一个喜欢奢侈品的人
	M6	如果我买得起更多的东西，我会更快乐
	M7	若能拥有一些我现在没有的东西，我的生活将会更美好
	M8	当遇到我喜欢的东西而又买不起时，我有时会感到心烦

我们采用一致性信度作为信度检验的指标，信度检验的结果见表 3-14。通过表 3-14 我们可以看到，首批调查数据物质主义量表的 α 系数为 0.859，并且所有 CITC 均大于 0.5，剔除项目后 α 系数最大为 0.847，小于现在的 α 系数，说明物质主义量表 8 道题项的一致性信度较好。跟踪调查数据物质主义量表的 α 系数为 0.859，并且所有 CITC 均大于 0.5，剔除项目后 α 系数最大为 0.851，小于现在的 α 系数，再次说明物质主义量表 8 道题项的一致性信度较好。

通过表 3-14 我们还可以看到，验证性因子分析的结果表明，在首批调查数据中，物质主义量表各题项的因子负载、组合信度和 AVE 值全部高于

表 3-14　物质主义量表的信效度指标

数据来源	题号	CITC	剔除项目后 α 系数	因子负载	α 系数	组合信度	AVE
首批调查数据（$N=1548$）	M1	0.636	0.838	0.778	0.859	0.888	0.500
	M2	0.568	0.845	0.669			
	M3	0.678	0.833	0.773			
	M4	0.562	0.846	0.627			
	M5	0.588	0.843	0.679			
	M6	0.704	0.829	0.776			
	M7	0.622	0.840	0.706			
	M8	0.502	0.847	0.628			
跟踪调查数据（$N=466$）	M1	0.684	0.833	0.793	0.859	0.890	0.506
	M2	0.580	0.845	0.699			
	M3	0.677	0.834	0.782			
	M4	0.512	0.845	0.573			
	M5	0.561	0.847	0.690			
	M6	0.690	0.832	0.762			
	M7	0.630	0.840	0.704			
	M8	0.535	0.851	0.659			

注：CITC 指修正后题项与总分相关值；α 系数指克隆巴赫 α 系数；AVE 为平均方差抽取量。

或等于各自的标准，说明物质主义变量的效度较好。在跟踪调查数据中，物质主义量表各题项中虽然第 4 道题项的因子负载略低，但是组合信度和 AVE 值均高于各自的标准，再次验证了该变量的效度良好。

（七）领悟社会支持的测量与信效度分析

我们选取"领悟社会支持量表"（PSSS）中的 5 道题项测量被试的领悟社会支持，每道题项反映一个对被试所感知到的社会支持状况的描述，让被试采取李克特 5 点计分法评价对该描述的同意程度（1 代表完全不同意，5 代表完全同意），将这 5 道题项的平均分作为领悟社会支持的指标（缩写编号为 SS），具体题项见表 3-15。

表 3-15　领悟社会支持量表的题项构成

变量	题号	题项
领悟社会支持	SS1	在我遇到问题时,总会有人出现在我的身旁
	SS2	总有人能够与我共享快乐与忧伤
	SS3	我的家庭能够给我切实的帮助
	SS4	在需要时我能够从家庭里获得情感上的帮助和支持
	SS5	当我有困难时我总会从别人那里得到安慰

我们采用一致性信度作为信度检验的指标,信度检验的结果见表 3-16。通过表 3-16 我们可以看到,首批调查数据领悟社会支持量表的 α 系数为 0.815,并且所有 CITC 均大于 0.5,剔除项目后 α 系数最大为 0.783,小于现在的 α 系数,说明领悟社会支持量表 5 道题项的一致性信度较好。跟踪调查数据领悟社会支持量表的 α 系数为 0.796,并且所有 CITC 均大于 0.5,剔除项目后 α 系数最大为 0.772,小于现在的 α 系数,说明领悟社会支持量表 5 道题项的一致性信度较好。

表 3-16　领悟社会支持量表的信效度指标

数据来源	题号	CITC	剔除项目后 α 系数	因子负载	α 系数	组合信度	AVE
首批调查数据 (N=1548)	SS1	0.591	0.783	0.753	0.815	0.869	0.571
	SS2	0.604	0.779	0.719			
	SS3	0.610	0.777	0.799			
	SS4	0.623	0.773	0.800			
	SS5	0.591	0.783	0.702			
跟踪调查数据 (N=466)	SS1	0.593	0.752	0.640	0.796	0.850	0.535
	SS2	0.606	0.748	0.679			
	SS3	0.530	0.772	0.808			
	SS4	0.562	0.763	0.834			
	SS5	0.594	0.752	0.674			

注:CITC 指修正后题项与总分相关值;α 系数指克隆巴赫 α 系数;AVE 为平均方差抽取量。

通过表 3-16 我们还可以看到，验证性因子分析的结果表明，在首批调查数据中，领悟社会支持量表各题项的因子负载、组合信度和 AVE 值全部高于各自的标准，说明领悟社会支持变量的效度较好。在跟踪调查数据中，领悟社会支持量表各题项的因子负载、组合信度和 AVE 值也全部高于各自的标准，再次验证了该变量的效度良好。

(八) 恐惧感的测量与信效度分析

恐惧感量表是由我们根据突发事件的特征而编制的。该量表由 3 道题项组成，每道题项反映一个对被试最近心理状态的描述，让被试采取李克特 5 点计分法评价自己的恐惧感（1 代表非常低，5 代表非常高），并且取平均分作为恐惧感的指标（缩写编号为 F），具体题项见表 3-17。

表 3-17　恐惧感量表的题项构成

变量	题号	题项
	F1	你对突发事件的恐惧程度有多大？
恐惧感	F2	你在多大程度上恐惧突发事件给人生命和健康带来的伤害？
	F3	你在多大程度上恐惧突发事件？

我们采用一致性信度作为信度检验的指标，信度检验的结果见表 3-18。通过表 3-18 我们可以看到，首批调查数据恐惧感量表的 α 系数为 0.818，并且所有 CITC 均大于 0.6，剔除项目后 α 系数最大为 0.816，小于现在的 α 系数，说明恐惧感量表 3 道题项的一致性信度较好。跟踪调查数据恐惧感量表的 α 系数为 0.824，并且所有 CITC 均大于 0.6，剔除项目后 α 系数最大为 0.804，小于现在的 α 系数，再次说明恐惧感量表 3 道题项的一致性信度较好。

通过表 3-18 我们还可以看到，验证性因子分析的结果表明，在首批调查数据中，恐惧感量表各题项的因子负载、组合信度和 AVE 值全部高于各自的标准，说明恐惧感变量的效度较好。在跟踪调查数据中，恐惧感量表各题项的因子负载、组合信度和 AVE 值也全部高于各自的标准，再次验证了该变量的效度良好。

表 3-18 恐惧感量表的信效度指标

数据来源	题号	CITC	剔除项目后 α 系数	因子负载	α 系数	组合信度	AVE
首批调查数据 (N=1548)	F1	0.695	0.725	0.793	0.818	0.876	0.702
	F2	0.730	0.690	0.867			
	F3	0.606	0.816	0.852			
跟踪调查数据 (N=466)	F1	0.688	0.749	0.830	0.824	0.894	0.737
	F2	0.729	0.708	0.881			
	F3	0.633	0.804	0.865			

注：CITC 指修正后题项与总分相关值；α 系数指克隆巴赫 α 系数；AVE 为平均方差抽取量。

（九）风险感知的测量与信效度分析

风险感知量表由我们根据本体安全感威胁的情境而编制，该量表由 3 道题项组成，每道题项反映一个对被试最近心理状态的描述，让被试采取李克特 5 点计分法评价自己的风险感知（1 代表非常低，5 代表非常高），并且取平均分作为风险感知的指标（缩写编号为 R），具体题项见表 3-19。

表 3-19 风险感知量表的题项构成

变量	题号	题项
风险感知	R1	你认为自己的风险有多高？
	R2	你认为的风险有多高？
	R3	你认为给你的生活带来了多大的风险？

我们采用一致性信度作为信度检验的指标，信度检验的结果见表 3-20。通过表 3-20 我们可以看到，首批调查数据风险感知量表的 α 系数为 0.752，并且所有 CITC 均大于 0.5，剔除项目后 α 系数最大为 0.703，小于现在的 α 系数，说明风险感知量表 3 道题项的一致性信度较好。跟踪调查数据风险感知量表的 α 系数为 0.768，并且所有 CITC 均大于 0.5，剔除项目后 α 系数最大为 0.692，小于现在的 α 系数，再次说明风险感知量表 3 道题项的一致性信度较好。

表 3-20　风险感知量表的信效度指标

数据来源	题号	CITC	剔除项目后 α 系数	因子负载	α 系数	组合信度	AVE
首批调查数据 （N=1548）	R1	0.560	0.703	0.792			
	R2	0.550	0.573	0.677	0.752	0.803	0.577
	R3	0.603	0.481	0.803			
跟踪调查数据 （N=466）	R1	0.529	0.692	0.807			
	R2	0.537	0.542	0.633	0.768	0.805	0.583
	R3	0.584	0.452	0.835			

注：CITC 指修正后题项与总分相关值；α 系数指克隆巴赫 α 系数；AVE 为平均方差抽取量。

通过表 3-20 我们还可以看到，验证性因子分析的结果表明，在首批调查数据中，风险感知量表各题项的因子负载、组合信度和 AVE 值全部高于各自的标准，说明风险感知变量的效度较好。在跟踪调查数据中，风险感知量表各题项的因子负载、组合信度和 AVE 值也全部高于各自的标准，再次验证了该变量的效度良好。

（十）归属需求的测量与信效度分析

我们抽取了 Baumeister 和 Leary（1995）研究中符合本土情境的 7 道题项对归属需求进行测量，每道题项反映一个对被试心理状态的描述，让被试采取李克特 5 点计分法评价对该描述的符合程度（1 代表完全不符合，5 代表完全符合），将 7 道题项的平均分作为归属需求的指标（缩写编号为 NA），具体题项见表 3-21。

表 3-21　归属需求量表的题项构成

变量	题号	题项
归属需求	NA1	我会尽量不去做那些可能让人回避或拒绝我的事情
	NA2	我希望在需要帮助时有可以求助的人
	NA3	我希望他人能接纳我
	NA4	我不喜欢独自一个人
	NA5	我有强烈的归属感需求
	NA6	当没有受到别人邀请时，我感到极为烦恼
	NA7	他人不接纳我会使我的感情受到伤害

我们采用一致性信度作为信度检验的指标，信度检验的结果见表 3-22。通过表 3-22 我们可以看到，首批调查数据归属需求量表的 α 系数为 0.756，并且最小的 CITC 为 0.499，约等于 0.5，剔除项目后 α 系数最大为 0.738，小于现在的 α 系数，说明归属需求量表 7 道题项的一致性信度较好。跟踪调查数据归属需求量表的 α 系数为 0.784，并且所有 CITC 均大于 0.5，剔除项目后 α 系数最大为 0.760，小于现在的 α 系数，再次说明归属需求量表 7 道题项的一致性信度较好。

表 3-22　归属需求量表的信效度指标

数据来源	题号	CITC	剔除项目后 α 系数	因子负载	α 系数	组合信度	AVE
首批调查数据（N = 1548）	NA1	0.504	0.702	0.801	0.756	0.892	0.543
	NA2	0.513	0.675	0.772			
	NA3	0.499	0.738	0.685			
	NA4	0.556	0.664	0.681			
	NA5	0.570	0.659	0.752			
	NA6	0.550	0.664	0.681			
	NA7	0.575	0.657	0.775			
跟踪调查数据（N = 466）	NA1	0.518	0.748	0.702	0.784	0.887	0.530
	NA2	0.555	0.712	0.756			
	NA3	0.523	0.732	0.674			
	NA4	0.572	0.700	0.729			
	NA5	0.516	0.758	0.679			
	NA6	0.510	0.760	0.753			
	NA7	0.541	0.722	0.793			

注：CITC 指修正后题项与总分相关值；α 系数指克隆巴赫 α 系数；AVE 为平均方差抽取量。

通过表 3-22 我们还可以看到，验证性因子分析的结果表明，在首批调查数据中，归属需求量表各题项的因子负载、组合信度和 AVE 值全部高于各自的标准，说明归属需求变量的效度较好。在跟踪调查数据中，归属需求量表各题项的因子负载、组合信度和 AVE 值也全部高于各自的标准，再次验证了该变量的效度良好。

（十一）自尊的测量与信效度分析

我们使用 Rosenberg（1965）编制的经典的自尊量表进行测量。该量表由 10 道题项组成，每道题项反映一个被试的认知，让被试采取李克特 5 点计分法评价对该描述的符合程度（1 代表完全不符合，5 代表完全符合），其中第 3、5、9、10 道题为反向计分题项，将 10 道题项的平均分作为自尊的指标（缩写编号为 SE），具体题项见表 3-23。

表 3-23 自尊量表的题项构成

变量	题号	题项
自尊	SE1	我感到我是一个有价值的人,至少与其他人在同一水平上
	SE2	我感到我有许多好的品质
	SE3	归根结底,我倾向于觉得自己是一个失败者
	SE4	我能像大多数人一样把事情做好
	SE5	我感到自己值得自豪的地方不多
	SE6	我对自己持肯定态度
	SE7	总的来说,我对自己是满意的
	SE8	我希望我能为自己赢得更多尊重
	SE9	我确实时常感到自己毫无用处
	SE10	我时常认为自己一无是处

我们采用一致性信度作为信度检验的指标，信度检验的结果见表 3-24。通过表 3-24 我们可以看到，首批调查数据自尊量表的 α 系数为 0.878，并且所有 CITC 均大于 0.5，剔除项目后 α 系数最大为 0.870，小于现在的 α 系数，说明自尊量表 10 道题项的一致性信度较好。跟踪调查数据自尊量表的 α 系数为 0.860，并且所有 CITC 均大于 0.5，剔除项目后 α 系数最大为 0.855，小于现在的 α 系数，再次说明自尊量表 10 道题项的一致性信度较好。

通过表 3-24 我们还可以看到，验证性因子分析的结果表明，在首批调查数据中，自尊量表各题项的因子负载、组合信度和 AVE 值全部高于各自的标准，说明自尊变量的效度较好。在跟踪调查数据中，自尊量表各题项的

表 3-24　自尊量表的信效度指标

数据来源	题号	CITC	剔除项目后 α 系数	因子负载	α 系数	组合信度	AVE
首批调查数据（*N* = 1548）	SE1	0.573	0.869	0.651	0.878	0.919	0.532
	SE2	0.569	0.869	0.786			
	SE3	0.689	0.859	0.637			
	SE4	0.613	0.866	0.777			
	SE5	0.567	0.858	0.695			
	SE6	0.676	0.861	0.666			
	SE7	0.700	0.859	0.746			
	SE8	0.505	0.870	0.780			
	SE9	0.684	0.860	0.755			
	SE10	0.689	0.859	0.781			
跟踪调查数据（*N* = 466）	SE1	0.518	0.851	0.628	0.860	0.908	0.498
	SE2	0.526	0.851	0.749			
	SE3	0.673	0.838	0.627			
	SE4	0.529	0.851	0.745			
	SE5	0.508	0.854	0.631			
	SE6	0.663	0.841	0.694			
	SE7	0.659	0.839	0.773			
	SE8	0.504	0.855	0.762			
	SE9	0.638	0.841	0.717			
	SE10	0.684	0.837	0.711			

注：CITC 指修正后题项与总分相关值；α 系数指克隆巴赫 α 系数；AVE 为平均方差抽取量。

因子负载、组合信度均高于各自的标准，AVE 值（0.498）接近 0.5 的标准，再次验证了该变量的效度良好。

四　整体问卷的效度检验

（一）问卷的结构效度分析

为了对整个问卷各变量整体的结构效度展开分析，我们使用 Amos 24.0 对问卷测量的全部变量进行验证性因子分析和竞争模型比较分析，在模型的设定上我们将问卷测量的 11 个变量及其题项纳入验证性因子分析的模型中，形成一个"11因子模型"。为了对比11因子模型是不是最优的模型设定，我们又分别构建了3个竞争模型。具体来说：首先，在11因子模型的基础上，我们将本书所涉及的4个因变量合并成一个因子，这就形成了一个8因子模型，具体各因子的构成见表3-25下的注解；其次，在8因子模型的基础上，我们将本书所涉及的5个中介变量合并成一个因子，这就形成了一个4因子模型，具体各因子的构成见表3-25下的注解；最后，我们将本书涉及的所有变量合并成一个因子，这就形成了一个单因子模型。我们同样对这3个竞争模型进行分析，如果竞争模型的拟合度指标优于原始的"11因子模型"，则说明问卷测量各变量的结构效度不理想；反之，如果竞争模型的拟合度指标不如原始的"11因子模型"，则说明问卷测量各变量的结构效度较好。

我们分别针对"首批调查数据"和"跟踪调查数据"展开分析，由于本书实证研究的样本量较多，可能使结构方程的卡方值膨胀，所以按照Bollen和Stine（1992）的建议，我们采用Bollen-Stine Bootstrap方法对模型进行了分析和校正，各模型的拟合度指标如表3-25所示。

表3-25　结构效度各竞争模型拟合度指标

数据来源	模型	χ^2/df	GFI	RFI	NFI	IFI	TLI	CFI	RMSEA
首批调查数据	11因子模型	1.178	0.963	0.960	0.963	0.994	0.994	0.994	0.011
	8因子模型	2.741	0.749	0.705	0.788	0.785	0.780	0.774	0.057
	4因子模型	5.144	0.641	0.605	0.625	0.654	0.659	0.687	0.074
	单因子模型	9.087	0.509	0.458	0.497	0.531	0.544	0.584	0.125
跟踪调查数据	11因子模型	1.205	0.924	0.901	0.913	0.967	0.966	0.966	0.021
	8因子模型	2.982	0.768	0.672	0.698	0.777	0.755	0.775	0.065
	4因子模型	5.776	0.621	0.543	0.609	0.647	0.697	0.690	0.089
	单因子模型	10.665	0.431	0.319	0.417	0.469	0.499	0.502	0.147

注：11因子模型的变量为：从众消费、稀缺性消费、健康消费、体验消费、控制感、物质主义、恐惧感、归属需求、风险感知、自尊、领悟社会支持；8因子模型的变量为：（从众消费+稀缺性消费+健康消费+体验消费）、控制感、物质主义、恐惧感、归属需求、风险感知、自尊、领悟社会支持；4因子模型的变量为：（从众消费+稀缺性消费+健康消费+体验消费）、（控制感+物质主义+恐惧感+归属需求+风险感知）、自尊、领悟社会支持；单因子模型的变量为：（从众消费+稀缺性消费+健康消费+体验消费+控制感+物质主义+恐惧感+归属需求+风险感知+自尊+领悟社会支持）。

通过表3-25可以看到，在首批调查数据中，本书11因子模型的拟合度指标全部符合标准（$\chi^2/df = 1.178$，GFI $= 0.963$，RFI $= 0.960$，NFI $= 0.963$，IFI $= 0.994$，TLI $= 0.994$，CFI $= 0.994$，RMSEA $= 0.011$），这说明问卷测量的11个变量的结构效度良好。通过与其他3个竞争模型拟合度指标的比较我们可以看到，11因子模型的拟合度指标是最好的，这进一步验证了问卷测量各变量的结构效度良好。

从跟踪调查数据中也发现了相同的结果，11因子模型的拟合度指标全部符合标准（$\chi^2/df = 1.205$，GFI $= 0.924$，RFI $= 0.901$，NFI $= 0.913$，IFI $= 0.967$，TLI $= 0.966$，CFI $= 0.966$，RMSEA $= 0.021$），这说明问卷测量的11个变量的结构效度良好。通过与其他3个竞争模型拟合度指标的比较我们可以看到，11因子模型的拟合度指标是最好的，这进一步验证了问卷测量各变量的结构效度良好。

综上所述，本书实证研究问卷测量各变量的结构效度良好。

（二）各变量之间的区分效度分析

区分效度指一个研究中测量各变量的题项应该反映不同的构念，即变量和变量之间应该具有一定的区分度，尽管我们上面的结构效度包含对区分效度的反映，但是为了更明确地检验实证研究中各变量之间的区分效度，我们采用下三角矩阵法分别对首批调查数据和跟踪调查数据进行区分效度分析。

首批调查数据各变量之间区分效度的分析结果见表3-26，对角线上的数值是各变量AVE的平方根，反映该变量与自身测量题项之间关系的紧密程度；对角线下的数值是各变量之间的相关系数，反映该变量与其他变量之间关系的紧密程度。当对角线上的数值大于对角线下的数值时，说明每个变量被自身题项解释的程度要大于被其他变量解释的程度，即变量之间具有较好的区分效度。遵循这个原则我们进行了区分效度分析，由表3-26可以看到对角线上的各数值均大于对角线下的各数值。由此可知，首批调查数据各变量之间的区分效度良好。表3-27呈现的是跟踪调查数据各变量之间区分效度的分析结果，可以看到对角线上的各数值均大于对角线下的各数值。由此可知，跟踪调查数据各变量之间的区分效度也良好。

表 3-26　首批调查数据各变量之间区分效度的分析结果 （N=1548）

变量	1	2	3	4	5	6	7	8	9	10	11	12
1. 信息性从众消费	0.815											
2. 规范性从众消费	0.581**	0.854										
3. 稀缺性消费	0.402**	0.492**	0.858									
4. 健康消费	0.283**	0.289**	0.381**	0.793								
5. 体验消费	0.117**	0.136**	0.179**	0.031	0.747							
6. 控制感	0.346**	0.340**	0.252**	0.116**	0.103**	0.879						
7. 物质主义	0.288**	0.348**	0.386**	0.156**	0.136**	0.338**	0.707					
8. 领悟社会支持	0.103**	0.106**	0.078**	0.196**	0.048	0.053*	0.040	0.756				
9. 恐惧感	0.333**	0.310**	0.207**	0.198**	0.119**	0.430**	0.255**	0.020	0.838			
10. 自尊	-0.011	-0.034	-0.001	0.167**	-0.018	0.251**	0.202**	0.259**	0.137**	0.729		
11. 归属需求	0.249**	0.302**	0.216**	0.301**	0.071**	0.231**	0.374**	0.271**	0.184**	-0.021	0.737	
12. 风险感知	0.188**	0.168**	0.104**	0.092**	0.069**	0.250**	0.099**	-0.010	0.382**	0.058*	0.039	0.760

注：对角线上的数值为各变量 AVE 的平方根；对角线下的数值为各变量之间的相关系数；*代表 $p<0.05$，**代表 $p<0.01$。

表3-27 跟踪调查数据各变量之间区分效度的分析结果 （N=466）

变量	1	2	3	4	5	6	7	8	9	10	11	12
1. 信息性从众消费	0.825											
2. 规范性从众消费	0.579**	0.810										
3. 稀缺性消费	0.394**	0.421**	0.887									
4. 健康消费	0.349**	0.279**	0.240**	0.791								
5. 体验消费	0.095*	0.144**	0.178**	0.015	0.825							
6. 控制感	0.143**	0.208**	0.005	0.044	-0.065	0.877						
7. 物质主义	0.216**	0.359**	0.334**	0.097*	0.140**	0.284**	0.711					
8. 领悟社会支持	0.113*	0.050	0.032	0.216**	-0.011	0.228**	-0.077	0.731				
9. 恐惧感	0.168**	0.183**	0.022	0.167**	0.077	0.269**	0.262**	0.031	0.858			
10. 自尊	0.012	-0.073	0.030	0.169**	0.046	0.312**	0.217**	0.421**	-0.084	0.706		
11. 归属需求	0.184**	0.212**	0.171**	0.262**	0.252**	-0.057	0.249**	0.049	0.257**	0.031	0.728	
12. 风险感知	0.130**	0.124**	0.016	0.106*	0.082	0.270**	0.153**	0.054	0.587**	0.018	0.101*	0.764

注：对角线上的数值为各变量 AVE 的平方根；对角线下的数值为各变量之间的相关系数；* 代表 $p<0.05$，** 代表 $p<0.01$。

（三）同源偏差检验

同源偏差是指在问卷调查中由被试的答题倾向等系统性因素对数据的干扰所导致的偏差。由于本书实证研究采用的是问卷调查与客观数据相结合的方法，可以在一定程度上避免同源偏差问题，因此我们仅对问卷调查的数据进行同源偏差检验。

根据 Harman（1967）的建议，我们采用因素分析的方法来分别对首批调查数据和跟踪调查数据进行同源偏差检验。我们将所涉及的 54 道题项全部进行探索性因子分析，结果在首批调查数据中共析出 13 个因子，第一因子的贡献率为 16.4%，低于 Harman（1967）所建议的 40%，说明首批调查数据不存在严重的同源偏差问题。在跟踪调查数据中也析出 13 个因子，第一因子的贡献率为 22.3%，低于 Harman（1967）所建议的 40%，说明跟踪调查数据也不存在严重的同源偏差问题。

第四章
本体安全感与居民从众消费

第一节　本体安全感与居民从众消费研究的文献述评

一　从众消费的定义

从众消费指消费者基于他人或群体的社会影响，借鉴其他消费者的消费观念、标准与期望以调整自身消费决策，选择与群体规范相统一的消费行为（Lascu and Zinkhan，1999）。从众消费是从众行为的一种，从众行为是现实生活中常见的现象，对从众的研究最早可以追溯到社会心理学领域。Asch（1952）在研究中提出从众是一种多数人效应，即使是在多数人的主张不正确的情形下，个体也可能选择服从于多数。Allen（1965）在 Asch（1952）的基础上进一步指出从众是一种社会影响，即个体会受到群体成员的影响做出与他人相类似的行为反应。

从众消费是从众在消费者行为学领域的一种具体表现形式，随着对从众消费现象研究的纵深，营销学领域的许多学者提出了不同的从众消费定义，但是从整体上来看，围绕从众消费的定义主要划分为两个重要取向。一种取向的研究更加侧重于消费者主观意愿的改变，认为从众消费是人们为了与他人行为保持一致而改变购买意愿的消费行为。例如，Lascu 和 Zinkhan（1999）在研究中提出从众消费是消费者了解了他人的产品评价、购买意愿和购买行为后，随之改变自身产品评价、购买意愿和购买行为的现象。而另一种取向的研究更加侧重于行为结果的一致性，认为从众消费是消费者基于其他消费者的购买行为与购买评价等信息，改变自身购买意愿进而与他人保持一致的消费行为。例如，曹虹剑和姚炳洪（2003）在研究中提出从众消费是消费者以其他消费者的决策与行为作为参考，进而与多数消费者形成一致性的消费行为。本书综合国内外相关研究成果，选用了 Lascu 和 Zinkhan（1999）提出的从众消费概念，即从众消费是消费者基于他人或群体的社会影响，借鉴其他消费者的消费观念、标准与期望以调整自身消费决策，选择与群体规范相统一的消费行为。

二　从众消费的动机

除了从众消费的行为本身，已有研究还对从众消费的动机，即消费者为什么会产生从众消费行为进行了探讨。Asch（1946）的研究发现，个体表现出从众行为主要有两个原因：首先，与他人的行为保持一致可以让个体获得更多来自他人的社会认可，避免由于与他人行为的不一致所遭受的反对和排斥，因此个体从众行为的第一种原因便是为了获得社会认可或避免遭受社会反对；其次，他人的行为在某些方面可以起到为个体提供信息的作用，在直接信息缺乏的情况下，个体可以将他人的行为作为一种决定自身该如何行动的间接信息，进而使自己的行为与他人表现出一致。沿着这一思路，Deutsch 和 Gerard（1955）将从众消费的动机分为信息性从众消费和规范性从众消费。其中，信息性从众消费指个体听从他人的意见而进行的从众消费，规范性从众消费指个体为满足外界期望而调整自身行为与他人一致的现象，二者都是从众消费的重要动机。此外，也有学者提出除了信息性从众消费和规范性从众消费，个体还可能出于其他动机进行从众消费行为。例如，Cialdini 和 Goldstein（2004）在研究中提出个体可能出于维护良好自我概念的动机进行从众消费，这是因为顺从他人有助于提升个体的自尊水平。Park 和 Lessig（1977）在研究中提出参照群体影响可划分为信息性影响、功利性影响和价值表达影响三类，这也是个体进行从众消费的重要动机。

三　从众消费产生的原因

综合梳理当前从众消费的相关研究可以发现，已有文献主要从认知失调理论、社会角色理论、归因理论、模仿理论和情绪感染理论等出发来解释个体的从众消费行为。

（一）认知失调理论

认知失调理论是 Festinger（1957）提出的心理学理论，该理论认为个体具有对自身的信念、态度、行为与外界环境的一般认识和看法等，这都构成了个体的认知要素。当这些要素相互符合时，它们就是协调的；当这些要素不一致时，它们就是失调的。在上述认知要素不一致的情形下，个体会产生紧张等负面情绪，即为认知失调（Oshikawa，1968）。而当个体产生认知失调时，其会采取一系列措施来降低这种不协调感，以减少负面影响。大量研究发现，当个体的行为与群体中大多数成员的行为产生冲突时，他会感觉到认知失调，为了缓解这种认知失调带来的不适，个体可能会通过改变自身态度和行为，使其与群体保持一致的方式来增强自身的协调感，这会导致他们的从众行为（Buehler et al.，1994；Griffin and Buehler，1993）。具体到消费领域，当一个消费者的商品选择和消费行为与群体中其他大多数人的商品选择和消费行为不一致或相冲突时，这种不一致会引发他的认知失调。为了缓解这种认知失调，消费者往往会调整自己的商品选择和消费行为，使其与群体中其他人的行为相一致，这就产生了从众消费行为。

（二）社会角色理论

社会角色理论也是解释从众消费行为的重要理论之一。社会角色理论的核心思想是个体的行为受其社会角色的影响和支配（Friedman，1990）。社会角色指个体由其所占据的社会地位而表现出来的态度与行为模式汇总。相关研究认为，可以将社会角色视为联结社会与个人的节点，这是因为社会性的个体是由被他人对其的定位与其所承担的社会角色背后隐含的社会期望等因素构成的，而社会期望会通过个体的社会角色和具体行为来实现（乐国安、沈杰，2001）。也就是说，我们每个人都扮演着一定的社会角色，这些社会角色的本质是社会和他人对这个角色的期待，那么当一个人扮演一个社会角色时，他就需要按照该角色背后的期待和规范来行动。因此，个体扮演社会角色的过程本质上就是个体为了满足社会期望而修正自身态度与行为的过程，在这一过程中，为了与群体形成良性互动，个体往往会做出符合群体期望的行为，这时便可能表现出从众行为。具体到消费领域，每个人都是某个群体的一员，有属于该群体的角色，这个角色中重要的一项期待便是符合该群体的行为规范和价值观，因此当一个人的消费偏好和消费价值观与群体产生冲突时，社会角色的期待便会逼迫个体调整自己的消费偏好和价值观，使其与群体的期待相一致。

（三）归因理论

归因理论是社会心理学的重要理论之一。归因指个体将自身或他人的某一行为特征归属于某一原因，以寻求逻辑自洽或满足内在需求的行为。围绕归因现象许多学者提出了相应的理论，例如，Heider（1958）的"朴素归因理论"、Jones 和 Davis（1965）的"对应推断理论"、Weiner（1972a）的"成就归因理论"等。从最常见的划分来看，可以将归因划分为两种类型：内部归因与外部归因。内部归因指个体将行为原因归结于主体，即将事情的发生归因于与个体自身相关的因素；外部归因指个体将行为原因归结于客体，即将事情的发生归因于环境等其他因素。有研究发现，将群体行为进行外部归因时，个体较少会发生从众行为；而将群体行为进行内部归因时，个体容易产生从众行为（Rose et al.，1992）。具体到消费行为上，在个体的商品偏好和消费行为与他人出现不一致的情况下，当个体将这种不一致归因于他人导致的时候，他们更可能坚持自己已有的偏好；而当个体将这种不一致归因于自己导致的时候，他们更可能改变自己已有的偏好，进而产生从众消费行为。

（四）模仿理论

模仿理论认为模仿是人的天性。塔尔德（2008）在《模仿律》一书中提出，只要是具有社会关系的两个个体，他们之间就可能存在模仿，同时，社会距离越近的个体之间模仿行为越强。需要注意的是，模仿是人际影响的过程，个体会以有意或无意的方式对他人的行为做出相似的行为反应，此时，模仿使某个个体的行为转变为群体共同的行为，而群体共同的行为又会产生更强的社会影响力，进而引发群体性从众行为。具体到消费行为上，我们每个人的消费偏好、消费行为和消费价值观都会有意识或无意识地受到周围人的影响，在这种相互模仿的影响下，一个群体之间的消费偏好、消费行为和消费价值观会逐渐趋同，从而产生更大的力量引起群体内个体的模仿，进而产生从众消费行为。

（五）情绪感染理论

情绪感染理论认为情绪感染是人际互动的一种方式，能够增强集体的一致性。情绪感染可以定义为一种个体受到他人或集体的情绪感染，最终与他人或集体的情绪趋于一致的情绪体验（Hoffman，2002）。在情绪感染影响下，个体容易受到他人和集体的暗示，改变自身选择。同时，研究发现，当集体中情绪感染达到足够高的水平时，个体会失去对自身情感、思考与行为的理智控制，产生从众行为。例如，在突发事件背景下，社会恐慌情绪不断蔓延，居民更可能产生从众消费行为（刘颖，2004）。

四　从众消费的研究范式

在相关研究中，从众消费的研究方法有很多，主要可以划分为操纵和测量两种方式。问卷测量方法主要是通过让被试回答有关其消费行为一般倾向的问题来测量从众消费倾向。例如，在国内蔺国伟等（2015）的从众消费量表得到大量使用。

在实验研究中则主要采取操纵和测量相结合的方法，即主要是通过实验材料设定不同的产品选择场景，然后要求被试在不同产品之间做出选择，具体可划分为以下步骤：首先，通过前测选出对被试而言具有相同吸引力的多组不同种类的配对产品；其次，将被试划分为控制组与实验组，控制组被试直接在产品之间进行选择，实验组则在接收到他人如何选择的信息后做出产品选择；最后，比较两组之间的产品选择差异。通过这几个步骤实现对个体从众消费倾向的操纵与测量（Tu and Fishbach，2015）。

除了上述分组的操纵方法，对比被试前后的购买意愿变化也可以作为衡量个体从众消费倾向的方式（田甜，2011），主要可划分为三个步骤：第一步为前测，即测试被试在自主选择情况下的购买意愿，记为初始值；第二步则在实验完成后再次测试被试的购买意愿，即为最终值；第三步将前面步骤中得到的两个值相减，即用最终值减去初始值，如果被试的购买意愿发生变化，也就是相减值大于零时，证明被试具有从众消费倾向。

五 从众消费的影响因素

有关操纵消费行为受到哪些前因变量影响的问题，已有研究从不同角度关注了从众消费的影响因素。Lascu 和 Zinkhan（1999）提出的经典从众行为模型受到诸多学者的认可，该模型认为个体、群体、产品与情境四个方面因素是影响从众行为的重要因素。因此，本节将根据上述模型划分的结构对从众消费的影响因素进行整理与综述。

（一）个体影响因素

影响从众消费意愿的个体因素主要包括个体对认知清晰度的需求、个体的自我保护动机、个体对社会比较信息的关注度以及个体的公众自我意识、自尊与自信等特质性因素。

Kelman 和 Bailyn（1962）在研究中发现与低认知清晰度需求的个体相比，具有高认知清晰度需求的个体更加可能受到外界信息的影响，并基于此改变自身原有的看法与选择，进而他们更愿意从众。因此具有更高认知清晰度需求的个体会减少对信息不完善产品的消费，或者增加对大众消费产品的购买，因为他人的消费选择本身是一个重要的信息。Griskevicius 等（2006）在研究中发现自我保护动机对从众消费具有正向影响，这是因为自我保护动机更强的个体更加愿意通过向外界展示自己与他人的一致性来实现自我保护的目的。Bearden 和 Rose（1990）发现对社会比较信息的关注度也会影响个体的从众消费行为，他们发现，在消费情境下，当个体对社会比较信息的关注度更高时，他们更容易产生焦虑，并且害怕外界对自己产生负面评价，因此更愿意通过从众消费的方式来避免潜在的威胁。此外，Davis 和 Miller（2010）的研究发现具有高公众自我意识的个体通常更可能发生从众消费行为。公众自我意识指个体将自我看作社会公众一员的倾向，具有高公众自我意识的个体更在意他人对自己的公开评价，因此更可能通过从众来维系良好的社会关系。已有研究还发现，个体的自尊与自信等特质也是影响消费者从众消费行为的重要因素。例如，自尊与自信水平越高的个体，他们越在意自我的看法，越倾向于忽略外界带来的影响，进而减少从众消费行为（Bernheim，1994）。

除了上述因素，一些人口统计学变量也可能对个体从众消费行为产生影响。例如，在年龄方面，与其他年龄群体相比，青少年群体往往表现出更多的从众消费行为，这是因为青少年时期个体的社交意愿强烈，对群体归属感的需求比较高（李颖，2004）。而在性别方面，尽管 20 世纪的研究有学者提出女性比男性更在意人际和谐，进而更容易从众（Skitka and Maslach，1996），但是现代的多数研究认为性别对从众消费行为不存在显著影响（陈文涛、桑青松，2009）。

（二）群体影响因素

影响个体从众消费意愿的群体因素主要包括群体规模、群体目标、群体构成、群体的凝聚力和成员之间的依赖程度等。首先，已有研究发现，群体规模对群体内的从众消费行为具有正向影响，即当群体内成员增加时，发生从众行为的可能性会显著增加（Rosenberg，1961），这是因为随着群体规模的增大，当出现某一行为的人越多时，个体受到来自群体的压力也就越大，但是这种效应在群体内具有众多不从众的个体时会大幅降低（李颖，2004）。其次，群体目标也是影响群体成员从众消费行为的重要因素。研究发现，群体目标越明确，群体越有吸引力（Marple，1933），群体成员进行从众消费行为的可能性越强。再次，群体构成的相似性对从众消费行为也具有正向影响。例如，Linde 和 Patterson（1964）在研究中发现，如果个体与群体的属性相似度越高，那么个体发生从众行为的可能性也越高。在消费情境下的具体研究也发现，消费者会受到来自相似群体的影响，进而产生从众消费行为（Escalas and Bettman，2003）。最后，相关研究还发现，群体的凝聚力越强、群体成员之间的依赖程度越高，群体成员发生从众行为的倾向也越强（Berkowitz，1957）。

综合上述研究可以看出，群体因素对个体从众消费的影响主要是由群体的期望与压力产生的，个体通常为了与参照群体保持一致或不被目标群体排斥而进行从众消费。

（三）产品影响因素

影响个体从众消费意愿的产品因素主要包括产品类别、产品卷入度、品牌可见性与差异程度等。研究发现，消费者在购买不同类别产品时可能出现不同程度的从众消费倾向。例如，在购买表达个性特征的产品时，消费者的从众消费倾向通常较低（Berger and Chip，2007）；而当消费者购买具有炫耀性特征的奢侈品时，他们更容易受到群体的影响，进而产生从众消费行为（Bearden and Etzel，1982）。同时，已有研究还发现当个体购买低卷入度的产品时，如日常用品，他们往往拥有充足的购物经验，不需要借助其他信息，进而很少发生从众消费行为；而当个体购买不经常购买的高卷入度产品时，更可能会借鉴他人的消费模式，进而增加从众消费行为（Kuenzel and Musters，2007）。此外，品牌可见性与差异程度也是影响个体从众消费意愿的重要因素。相关研究发现，对于在公开场合使用的产品，个体更容易受到他人的影响，进行从众消费（Fisher and Price，1992）。同时，当品牌之间的差异不明显时，个体也往往表现出更多的从众消费行为（Kassarjian and Robertson，1991）。

（四）情境影响因素

从众消费不仅会受到个人特质、群体特征和产品属性等相对稳定因素的影响，还会受到情境因素的影响。例如，已有研究发现情境的复杂与模糊会影响个体的从众消费，当个体发现所处的情境较为复杂，并且模糊难以确定时，由于信息掌握不足，个体会感到缺乏信心，在这种繁杂且不熟悉的情境下，很容易表现出从众行为（Ross and Hoffman，1976）。也有研究发现，当一个情境可以激活个体的互依自我时，个体会产生与他人维系良好关系的动机，出于此动机他们更可能听从他人的看法、接受他人的建议，进而产生从众消费行为。而当一个情境可以激活个体的独立自我时，情况则相反（Torelli，2006）。此外，大量研究也发现了公开情境对从众行为的作用，即与私人场合相比，个体在公开情境下会表现出更多的从众行为（Bearden and Etzel，1982）。

除了上述具体的情境外，消费者的从众消费行为还可能受到社会文化价值观的影响。例如，Kim 和 Markus（1999）在研究中对欧美和东亚的被试进行比较分析，结果发现东亚人比欧美人具有更强的从众倾向。Hwang 和 Kim（2007）在研究中也发现，受集体主义文化价值观影响的个体更容易接受别人的观点，进而产生从众消费行为。

第二节　本体安全感对居民从众消费影响的理论分析

一　本体安全感对居民从众消费影响的总效应

研究发现，从众行为可以帮助个体应对这种外在威胁，因此在进行消费决策时，居民也就更有可能进行从众消费行为。从众消费包含两种表现形式，即信息性从众消费和规范性从众消费。其中，信息性从众消费指个体通过来自他人的各种信息做出消费决策的消费行为，在短期，个体通过信息性从众消费与群体保持一致能够借助外部信息降低本体安全感威胁带来的不安，如听从报道、亲友引导而购买特定商品。规范性从众消费则指个体以群体中他人的消费观念与决策作为参考来调整自身消费行为的现象，个体通过规范性从众消费与群体行为保持一致能够有效融入群体，进而降低在不确定环境中单独决策与行动的风险，如跟随其他消费者购买相同商品（Deutsch and Gerard，1955）。这两种从众消费形式都能够帮助居民融入群体，使居民借助群体资源抵御本体安全感的缺乏。基于此，我们提出以下假设。

H1：本体安全感与居民的从众消费行为负相关，即本体安全感越缺乏的居民从众消费行为越强。

二　控制感的中介作用

控制感指个体对环境的掌控能力，强调个体对外界环境的感知，当个体认为外界环境充满不确定性、自身难以掌控时，个体的控制感就会降低（Abeles，1991）。面对不确定的环境，个体的生命和财产安全受到影响的可能性较大，但是由于个体很难通过自身力量去抗衡，因此个体会感到难以掌控当前环境，控制感降低。根据补偿控制理论，控制感缺失是一种负面体验，此时个体会想办法采取行动来补偿控制感的缺失（Laurin et al.，2011）。从众消费的主要方式是与他人保持一致，在消费行为方面与他人表现趋同，通过这种方式个体能够采用群体决策和群体行动减少不确定性、降低风险，进而增强控制感，同时，个体还能获得来自群体的社会支持，而这也是构成控制感的重要资源，因此个体很可能通过从众消费行为补偿本体安全感威胁带来的控制感缺失。基于此，我们提出以下假设。

H2：控制感在本体安全感与居民从众消费的关系中起中介作用，即本体安全感缺乏会降低居民的控制感，从而提升他们的从众消费倾向。

三　群体规模的调节作用

勒庞在他著名的著作《乌合之众：大众心理研究》中阐释了这样的观点：当一个独立的个体融入某个群体之后，他的个性会被群体淹没，表现出情绪化、非理性、冲动、狂热、盲目、服从等特征。后续的实证研究也发现，人们在群体中会经常从事一些独自一个人时不会做出的极端行为，并且随着群体规模的增大，这种倾向有所增强（Mann，1981；Mullen，1986）。这可能是由于群体弱化了人的自我意识，降低了他们的自我控制能力，进而对情境做出更激烈的反应（Rogers，1980）。居民一起共同居住的人数有所差异，当共同居住人数较多时，他们的情绪会彼此感染，行为会相互影响，更可能缺乏独立的思考，因此更可能展现出从众消费行为。基于以上逻辑，我们提出以下假设。

H3：群体规模正向调节本体安全感与居民从众消费的关系，即相比共同居住人数较少的居民，本体安全感缺乏对共同居住人数较多的居民的从众消费行为的影响更强。

第三节 本体安全感对居民从众消费影响的实证检验

一 统计分析流程

本节的研究遵循以下统计分析流程。

首先，我们采用多元回归的方法，在控制变量的条件下，分析自变量"本体安全感"对因变量"从众消费"总维度及其"信息性从众消费"和"规范性从众消费"两个分维度的影响。

其次，我们采用经典的逐步回归方法，在控制变量的条件下，分析"控制感"在本体安全感对从众消费影响中的中介作用，并且采用 Bootstrap 方法对逐步回归的结果进行进一步验证。

最后，我们采用经典的逐步回归方法，在控制变量的条件下，分析"群体规模"在本体安全感对从众消费影响中的调节作用，以及有调节的中介效应模型，并且采用 Bootstrap 方法对逐步回归的结果进行进一步验证。

二 统计分析结果

（一）本体安全感对居民从众消费影响的总效应分析

为了验证本体安全感对居民从众消费影响的总效应，我们将"本体安全感"作为自变量，以样本的"性别"、"年龄"、"个人平均月收入"、"家庭平均月收入"、"个人平均月花销"、"家庭平均月花销"和"受教育程度"为控制变量，分析它们对因变量"从众消费"总维度及其"信息性从众消费"和"规范性从众消费"两个分维度的影响。

为了对比本体安全感对居民从众消费的影响究竟是长期效应还是短期效应，我们分别对首批调查数据和跟踪调查数据进行了分析，首批调查数据代表短期影响，跟踪调查数据代表长期影响。通过表 4-1 的统计结果发现：本体安全感对居民从众消费的短期影响显著（$\beta = 0.138$，$p < 0.001$，模型 1），但是对居民从众消费的长期影响不显著（$\beta = 0.018$，$p > 0.05$，模型

4）。对信息性从众消费和规范性从众消费的分析也发现了类似的特征：本体安全感对居民信息性从众消费的短期影响显著（$\beta = 0.113$，p<0.001，模型2），但是对居民信息性从众消费的长期影响不显著（$\beta = 0.043$，p>0.05，模型5）；本体安全感对居民规范性从众消费的短期影响显著（$\beta = 0.131$，p<0.001，模型3），但是对居民规范性从众消费的长期影响不显著（$\beta = -0.004$，p>0.05，模型6）。

（二）本体安全感对居民从众消费影响的中介效应分析

针对首批调查数据，我们采用经典的逐步回归方法进行中介效应分析（见表4-2）。首先，在控制变量的条件下，做自变量本体安全感对中介变量的回归，结果发现本体安全感对居民的控制感具有显著的负向影响（$\beta = -0.111$，p<0.001，模型7）。其次，在控制变量的条件下，做自变量本体安全感和中介变量控制感对因变量从众消费的回归，结果发现控制感对居民的从众消费具有显著的负向影响（$\beta = -0.373$，p<0.001，模型8），越缺乏控制感的居民越倾向于进行从众消费。以上分析说明，控制感在本体安全感对居民从众消费的影响中起中介作用。通过模型8可以看到，在控制感中介作用的基础上，本体安全感对居民从众消费影响的直接效应也显著（$\beta = 0.097$，p<0.001）。这说明控制感的中介作用是部分中介作用，即除了控制感以外本体安全感对居民从众消费的影响还可能存在其他解释机制。

针对跟踪调查数据，我们采取相同的方法进行中介效应分析，结果发现本体安全感对居民控制感的长期影响不显著（$\beta = 0.054$，p>0.05，模型9），但是在长期控制感仍然会影响居民的从众消费（$\beta = -0.191$，p<0.001，模型10）。通过数据分析还可以发现那些控制感较低的居民依然会进行从众消费，说明控制感是影响居民从众消费的一个日常因素。

在经典的逐步回归方法的基础上，我们还采用了 Bootstrap 方法，使用 Hayes（2013）所开发的 Bootstrap 程序进行中介效应分析（Model 4）。结果如表4-3所示，Bootstrap 方法的结果与经典的逐步回归方法的结果基本一致。

表4-1　本体安全感对居民从众消费影响的回归分析（总效应检验）

数据来源	首批调查数据（N=1548）						跟踪调查数据（N=466）					
模型	模型1		模型2		模型3		模型4		模型5		模型6	
因变量	从众消费		信息性从众消费		规范性从众消费		从众消费		信息性从众消费		规范性从众消费	
统计量	β	p	β	p	β	p	β	p	β	p	β	p
控制变量												
性别（女=0）	-0.041	0.133	-0.052	0.057	-0.023	0.401	-0.021	0.679	-0.026	0.612	-0.012	0.808
年龄	-0.020	0.520	0.005	0.873	-0.036	0.235	-0.043	0.398	0.045	0.379	-0.109	0.032
个人平均月收入	0.009	0.811	-0.006	0.884	0.020	0.606	-0.131*	0.050	-0.127	0.057	-0.106	0.111
家庭平均月收入	0.033	0.351	0.031	0.380	0.028	0.435	-0.105	0.092	-0.100	0.110	-0.088	0.161
个人平均月花销	0.053	0.162	0.013	0.726	0.075*	0.047	0.036	0.586	0.042	0.528	0.023	0.723
家庭平均月花销	0.072	0.076	0.083*	0.043	0.049	0.234	0.167*	0.018	0.137	0.051	0.156*	0.026
受教育程度	0.055*	0.045	0.057*	0.038	0.041	0.131	0.067	0.192	0.087	0.092	0.036	0.486
自变量												
本体安全感	0.138***	0.000	0.113***	0.000	0.131***	0.000	0.018	0.692	0.043	0.393	-0.004	0.935
方程指标												
R^2	0.053		0.039		0.048		0.038		0.033		0.039	
Adj. R^2	0.048		0.033		0.042		0.020		0.014		0.021	
F	10.002***		7.130***		8.895***		2.096*		1.781		2.143*	

注：* 代表 $p<0.05$，*** 代表 $p<0.001$；β 代表标准化的回归系数，p 代表显著性水平。

表4-2 本体安全感对居民从众消费影响的中介效应分析

数据来源	首批调查数据（N=1548）				跟踪调查数据（N=466）			
模型	模型7		模型8		模型9		模型10	
因变量	控制感		从众消费		控制感		从众消费	
统计量	β	p	β	p	β	p	β	p
控制变量								
性别（女=0）	0.070*	0.011	−0.015	0.560	−0.002	0.965	−0.022	0.657
年龄	0.003	0.936	−0.019	0.508	0.154**	0.002	−0.009	0.854
个人平均月收入	0.005	0.905	0.011	0.758	−0.063	0.329	−0.152*	0.018
家庭平均月收入	0.034	0.349	0.045	0.164	0.187**	0.002	−0.035	0.566
个人平均月花销	−0.043	0.264	0.037	0.292	0.102	0.105	0.079	0.210
家庭平均月花销	−0.016	0.700	0.066	0.078	−0.177**	0.008	0.073	0.275
受教育程度	0.018	0.515	0.061*	0.015	0.088	0.076	0.077	0.120
中介变量								
控制感			−0.373***	0.000			−0.191***	0.000
自变量								
本体安全感	−0.111***	0.000	0.097***	0.000	0.054	0.270	0.028	0.569
方程指标								
R²	0.018		0.190		0.059		0.068	
Adj. R²	0.013		0.185		0.041		0.048	
F	3.294***		36.817***		3.294**		3.420***	

注：* 代表 $p<0.05$，** 代表 $p<0.01$，*** 代表 $p<0.001$；β 代表标准化的回归系数，p 代表显著性水平。

表 4-3　本体安全感对居民从众消费影响的 Bootstrap 中介效应分析

数据来源	效应结果		SE	LLCI	ULCI
首批调查数据 （$N = 1548$）	Total Effect	0.1256	0.0244	0.0777	0.1736
	Direct Effect	0.0879	0.0228	0.0432	0.1325
	Indirect Effect	0.0377	0.0096	0.0195	0.0581
跟踪调查数据 （$N = 466$）	Total Effect	0.0155	0.0391	−0.0613	0.0923
	Direct Effect	0.0216	0.0385	−0.0541	0.0973
	Indirect Effect	−0.0061	0.0075	−0.0228	0.0073

注：Total Effect 代表总效应，Direct Effect 代表直接效应，Indirect Effect 代表间接效应，以上效应均为非标准化的系数值；SE 代表标准误，LLCI 代表 95% 置信区间下限值，ULCI 代表 95% 置信区间上限值，这两个值构成的区间不包含 0 代表该效应的 Bootstrap 分析结果显著。

（三）群体规模为调节变量的有调节的中介效应模型

我们首先用经典的逐步回归方法进行有调节的中介效应分析。在分析之前，我们将对数化的共同居住人数作为群体规模的指标和控制感的平均分进行了中心化处理，由于本体安全感是以 0 为平均数的标准化分数，因此不需要进行中心化处理。基于中心化的数据我们分别构造了交互项"本体安全感×群体规模"和"控制感×群体规模"。

首先，我们分析群体规模对总效应的调节作用（见表 4-4），通过模型 11 可以看到，"本体安全感×群体规模"对居民从众消费的影响显著（$\beta = 0.074$，$p < 0.01$）。这说明群体规模正向调节本体安全感对居民从众消费的影响，即本体安全感对共同居住人数较多居民的从众消费的影响要大于对共同居住人数较少居民的影响。

其次，我们通过表 4-4 中的模型 12 和模型 13 采用经典的逐步回归方法对有调节的中介效应模型进行分析。在第一步中，我们分析了本体安全感对居民控制感的影响，结果发现有调节的中介效应模型的前半段路径显著（$\beta = -0.111$，$p < 0.001$，模型 12）。在第二步中，我们分析了调节变量对中介效应模型后半段路径和直接效应的调节作用，结果发现"控制感×群体规模"对从众消费的影响显著（$\beta = 0.051$，$p < 0.05$，模型 13）。这说明群体规模正向调节了控制感对居民从众消费的影响，即控制感对共同居住人数较多

居民的从众消费的影响要大于对共同居住人数较少居民的影响，群体规模对控制感中介效应模型后半段路径的调节作用显著。与此同时，我们还发现"本体安全感×群体规模"对从众消费的影响也显著（$\beta = 0.078$，p < 0.01，模型 13）。这说明群体规模对直接效应的调节作用也显著。以上数据分析说明，本章所假设的有调节的中介效应模型成立。

表 4-4　群体规模为调节变量的有调节的中介效应分析

模型	模型 11		模型 12		模型 13	
因变量	从众消费		控制感		从众消费	
统计量	β	p	β	p	β	p
控制变量						
性别（女 = 0）	−0.042	0.122	0.070*	0.011	−0.018	0.473
年龄	−0.033	0.291	0.003	0.936	−0.027	0.347
个人平均月收入	0.018	0.634	0.005	0.905	0.011	0.746
家庭平均月收入	0.038	0.288	0.034	0.349	0.051	0.119
个人平均月花销	0.064	0.094	−0.043	0.264	0.050	0.155
家庭平均月花销	0.049	0.237	−0.016	0.700	0.045	0.243
受教育程度	0.041	0.138	0.018	0.515	0.051*	0.045
中介变量						
控制感					−0.362***	0.000
自变量						
本体安全感	0.133***	0.000	−0.111***	0.000	0.095***	0.000
调节变量						
群体规模	−0.002	0.942			−0.003	0.909
交互项						
本体安全感×群体规模	0.074**	0.007			0.078**	0.002
控制感×群体规模					0.051*	0.046
方程指标						
R^2	0.055		0.018		0.188	
Adj. R^2	0.048		0.013		0.181	
F	8.156***		3.294***		27.030***	

注：*代表 p<0.05，**代表 p<0.01，***代表 p<0.001；β 代表标准化的回归系数，p 代表显著性水平。

在总调节作用上，为了进一步检验经典的逐步回归方法所获得的调节作用的模式，我们采用了 Bootstrap 方法，使用 Hayes（2013）所开发的 Bootstrap 程序进行调节效应分析（Model 1）。表4-5 呈现的是总效应的简单斜率分析的结果。我们可以看到当对数化的共同居住人数低于平均数一个标准差（-SD）时，本体安全感对从众消费的影响不显著（95% CI = -0.0202~0.1190）；当对数化的共同居住人数为平均数（Mean）时，本体安全感对从众消费的影响显著（95% CI = 0.0736~0.1696）；当对数化的共同居住人数高于平均数一个标准差（+SD）时，本体安全感对从众消费的影响也显著（95% CI = 0.1219~0.2657）。但是当对数化的共同居住人数高于平均数一个标准差时本体安全感对从众消费的影响效应（Effect = 0.1938）要大于对数化的共同居住人数为平均数时本体安全感对从众消费的影响效应（Effect = 0.1216）。总效应的简单斜率分析的结果说明，当共同居住人数较少时，本体安全感并不会显著影响居民的从众消费，但是伴随着共同居住人数的增加，本体安全感对居民从众消费的影响越来越大。

表4-5　总效应的简单斜率分析

共同居住人数	Value	Effect	SE	LLCI	ULCI
-SD	1.1581	0.0494	0.0355	-0.0202	0.1190
Mean	1.5249	0.1216	0.0245	0.0736	0.1696
+SD	1.8917	0.1938	0.0367	0.1219	0.2657

注：Value 代表调节变量"共同居住人数"的取值，Effect 代表自变量本体安全感对因变量从众消费的总效应的非标准化值；SE 代表标准误，LLCI 代表 95% 置信区间下限值，ULCI 代表 95% 置信区间上限值，这两个值构成的区间不包含 0 代表该效应的 Bootstrap 分析结果显著。

为了进一步检验有调节的中介效应模型，我们采用了 Bootstrap 方法，使用 Hayes（2013）所开发的 Bootstrap 程序进行有调节的中介效应分析（Model 15）。表4-6 呈现的是间接效应的简单斜率分析的结果。我们可以看到当对数化的共同居住人数低于平均数一个标准差时，间接效应显著（95% CI = 0.0198~0.0617）；当对数化的共同居住人数为平均数时，间接效应显著（95% CI = 0.0179~0.0544）；当对数化的共同居住人数高于平均数一个标准差时，本体安全感对从众消费的影响也显著（95%CI=0.0158~0.0513）。但是当对数化的共同居住人数高于平均数一个标准差时的间接效应（Effect=0.0312）要小于对数化的共同居住人数为平均数时的间接效应（Effect=0.0355）。

表4-6 间接效应的简单斜率分析

共同居住人数	Value	Effect	SE	LLCI	ULCI
−SD	1.1581	0.0398	0.0105	0.0198	0.0617
Mean	1.5249	0.0355	0.0093	0.0179	0.0544
+SD	1.8917	0.0312	0.0088	0.0158	0.0513

注：Value 代表调节变量"共同居住人数"的取值，Effect 代表自变量本体安全感对因变量从众消费的间接效应的非标准化值；SE 代表标准误，LLCI 代表 95% 置信区间下限值，ULCI 代表 95% 置信区间上限值，这两个值构成的区间不包含 0 代表该效应的 Bootstrap 分析结果显著。

表4-7 呈现的是直接效应的简单斜率分析的结果。我们可以看到当对数化的共同居住人数低于平均数一个标准差时，直接效应不显著（95%CI=−0.0546~0.0762）；当对数化的共同居住人数为平均数时，直接效应显著（95%CI=0.0424~0.1319）；当对数化的共同居住人数高于平均数一个标准差时，本体安全感对从众消费的影响也显著（95%CI=0.0956~0.2316）。但是当对数化的共同居住人数高于平均数一个标准差时的直接效应（Effect=0.1636）要大于对数化的共同居住人数为平均数的直接效应（Effect=0.0872）。这说明共同居住人数可以调节控制感的中介作用。

表4-7 直接效应的简单斜率分析

共同居住人数	Value	Effect	SE	t	p	LLCI	ULCI
−SD	1.1581	0.0108	0.0333	0.3235	0.7463	−0.0546	0.0762
Mean	1.5249	0.0872	0.0228	3.8211	0.0001	0.0424	0.1319
+SD	1.8917	0.1636	0.0347	4.7189	0.0000	0.0956	0.2316

注：Value 代表调节变量"共同居住人数"的取值，Effect 代表自变量本体安全感对因变量从众消费的直接效应的非标准化值；SE 代表标准误，LLCI 代表 95% 置信区间下限值，ULCI 代表 95% 置信区间上限值，这两个值构成的区间不包含 0 代表该效应的 Bootstrap 分析结果显著。

三　研究结论

本章基于补偿控制理论分析了本体安全感对居民从众消费的影响及其心理机制，并得出以下结论。本体安全感威胁促进了居民的信息性从众消费和规范性从众消费，但是这种影响是短期的，只有在本体安全感威胁事件的爆发期居民的从众消费行为才会受到影响，在一段时间之后这种影响会消失。这是由于本体安全感威胁会降低居民的控制感，而居民会通过从众消费对缺失的控制感进行补偿，但是在本体安全感威胁事件的恢复期，居民的控制感已经得到恢复，不会再表现出从众消费行为。此外，我们还发现在本体安全感威胁事件的爆发期，群体规模在本体安全感对从众消费的影响中起调节作用，当居民共同居住人数较多时，本体安全感对他们从众消费的影响要大于共同居住人数较少时的影响。

第五章
本体安全感与居民稀缺性消费

第一节 本体安全感与居民稀缺性消费研究的文献述评

稀缺性消费是指人们偏好具有稀缺属性商品的消费行为（Sharma and Alter，2012）。传统经济学认为，追求稀缺的资源是经济人的理性选择，然而，最近消费者行为学的研究却逐渐表明，消费者对稀缺性商品的追求往往还出于他们特定的心理与情感需求，而不仅仅是出于经济上的考量。例如，当消费者拥有表达自己与众不同的独特性需求时，他们会更倾向于购买稀缺性的商品（Ruvio et al.，2008）；对奢侈品消费的研究发现，消费者展示自己财富和地位的炫耀性需求会促进他们对稀缺性商品的偏好（卢长宝等，2013）；Sharma 和 Alter（2012）发现，由财务约束引起的不安全感也会提升个体的稀缺性消费倾向。本书认为，由于个体的心理需求会随着情境的变化而产生差异，因此这种基于心理需求的稀缺性消费倾向在某些特定的情景下会表现得尤为显著，然而已有文献却缺乏针对特定情景下本体安全感与稀缺性消费关系的研究。

一 稀缺的定义

稀缺性消费是指人们偏好具有稀缺属性商品的消费行为（Jin et al.，2020）。"稀缺"意为"稀少、短缺"，最早在经济学与社会学领域备受关注，随后逐渐延伸到消费者行为学领域。在经济学领域，稀缺有着重要的研究价值，它与"利己性"和"理性人"并称为经济学赖以存在的三大假设前提。经济学侧重于从资源层面定义稀缺，即相对于人类多种多样且无限的需求而言，满足人类需求的资源是有限的。这种有限性不仅仅局限于自然资源，对于人类生产和消费的产品资源也同样适用，甚至在信息、经验和技能等领域也同样如此（Brock，1968；Brock and Brannon，1992）。在社会学领域，稀缺则被定义为一种困窘的状态，它是由于人们意识自己的需求超越了现有可获得的资源而产生的（曹艳春，2017）。当人们处于这种状态时，其会伴随发生许多心理变化。例如，人们会被稀缺心态俘获思维，忽略长期发展的重要性，反而倾向于把注意力完全集中在当前无法被满足的需求上（Mullainathan and Shafir，2013）。更有甚者会产生竞争性和侵略性行为以争取稀缺资源（Nichols，2012；Kristofferson et al.，2016）。

由此可见，人们生产与消费的产品也可能存在稀缺，而这一信号会影响消费者的心理状态，进而影响其行为反应，经济学和社会学的相关研究为消费者行为学对稀缺的研究奠定了重要基础。消费者行为学倾向于将稀缺定义为产品资源的有限性。稀缺除了可能导致消费者难以得到或不可得到某种商品之外，还可能会提高消费者对产品的评价，甚至在潜意识层面促使消费者认定这些产品是昂贵且价格将不断上涨的。即便获取成本高昂，难以得到的稀缺性产品也会让消费者觉得更加有吸引力，进而产生强烈的偏好（Lynn，1989；Lynn and Bogert，2010）。

二　产品稀缺的影响因素

自然界资源的稀缺往往与资源的先天有限性相关，而造成产品稀缺的原因却有很多。Brock（1968）认为造成产品稀缺的原因包括产品的供应商有限、产品的提供成本很高、产品获取的禁令限制以及提供产品的迟滞等。具体而言，产品的供应商有限是指由于制造或经销某个产品的商家数量有限而导致的供应不足，例如通信行业的高端材料仅少数供应商有能力制造，由此导致某些通信产品供应量有限；产品的提供成本很高是指某些产品由于生产、运输或销售过程较为困难，因而商家需要付出很高的成本来提供产品，例如在中国销售进口鲜花、水果等不易保存物品的成本较高，可能导致供应稀缺；产品获取的禁令限制是指某些产品出于政策指导、环境安全或时势所需而被限制甚至禁止销售，通常还可能伴随高额消费税、申请式购买、资格审查等限制，例如在流行病暴发期间，出于战略性需要世界各国各地均出现了口罩、酒精以及其他医护产品的限量购买；提供产品的迟滞是指从消费者预订到实际获得产品需要很长的时间，导致产品产生高时间成本并由此造成稀缺，例如消费者选择购买整车进口的高端车时需要经历较长的预订等待期。Brock（1968）全面地揭示了从生产到供应环节可能造成稀缺的因素，但不难发现这些成因更多的是从供应商的角度分析所得。随后，Verhallen 和 Robben（2004）进一步研究发现，稀缺也可能由需求过量造成。这种需求层面所导致的稀缺，同样也是可以人为操纵与干预的，例如打造联名款、限量款产品，设置"双十一""双十二"等促销节庆日以实现短期内激发大量需求。

已有研究发现，稀缺性往往还是商家营造的一种销售策略（Verhallen and Robben，2004）。例如，消费者会对具有稀缺属性的商品给予更好的正面评价并表现出更强的购买欲望（Inman et al.，1997），当广告中呈现稀缺性信息时，消费者会认为商品具有更高的价值并表现出更强烈的期待（Eisend，2008）。消费者之所以会更加青睐稀缺性的商品，除了稀缺本身内含的经济价值外，还由于它们往往比大宗商品更能够满足人们高层次的心理需求（Lynn，2010）。例如，由于稀缺性的商品比普通商品保有量更少，因此拥有稀缺性的商品往往可以彰显消费者的独特性，进而满足他们的独特性需求（Ruvio et al.，2008）；拥有稀缺性的商品还往往象征着财富和地位，进而满足消费者的炫耀性需求（卢长宝等，2013）。鉴于消费者存在追求稀缺性商品的心理需求，商家往往通过建构各种营销情境给消费者人为地制造一种心理上的稀缺感，进而影响消费者的购买意愿和消费决策（李东进、刘建新，2016）。由此可见，消费者对商品的稀缺性感知和消费意愿会受到情境因素的影响而发生变化。然而，已有文献却较少将稀缺性消费行为放置在具体社会背景下展开研究，为了弥补该理论视角的缺失，本书将对该问题展开探究。

三 稀缺效应产生的原因

稀缺效应是产生产品稀缺性的重要原因，稀缺效应一方面是商品的客观属性和市场供给等外在因素影响的结果，另一方面受到消费者心理等内在因素的影响。导致产品稀缺的原因是多种多样的并且在市场层面具有不同的表现，已有研究者从不同的角度发展出解释稀缺效应产生原因的理论，如商品理论、独特性需求理论、心理抗拒理论和预期后悔理论。下面我们将对这些理论进行简要介绍。

（一）商品理论

商品理论是解释稀缺效应的核心理论。它虽然扎根于经济学，却一反经济学从产品本质评价产品价值的传统认知，而是从产品的可得性诠释了产品的感知价值。Brock（1968）在商品理论中指出，当产品具备不可得性时，产品就会让消费者感知更有价值，这意味着产品稀缺性决定着产品的价值与消费者的行为反应。商品理论开创性地将稀缺性与感知价值建立了关联，也为未来学者们进一步探索稀缺价值指明了方向。基于商品理论，消费者行为学的研究针对物质主义、炫耀性消费等问题展开了研究。

通常，消费者渴望通过占有更多的物质，尤其是更多具有高价值的物质资源来满足自己的欲望。这一欲望源于生存与发展的天赋性需要，包括低层次的安全需要和高层次的自我价值表达、炫耀性等需求（Griskevicius et al.，2009）。例如，Schultz 等（1995）的研究表明，人们会通过占有更多物质的方式来增强生活的安全感以及表达自己的价值观。由于稀缺性产品与普通产品相比包含着更多的经济价值和情感价值（Rucker and Galinsky，2008），因而消费者为满足自身内在物质占有欲望会不断追求稀缺性产品（Lynn and Harris，1997；Lynn，2010）。在高层次需求中，炫耀性需求也是促使消费者追求稀缺性产品的根本动因之一。在消费的过程中，消费者往往难以避免地与他人产生比较。面对社会比较，无论是为了获取有利社会身份还是实现对不利身份的自我补偿，消费者都可能倾向于占有或使用稀缺性产品，并通过它们表征身份和地位（Gierl and Huettl，2010）。因此，消费者追求稀缺性产品的一个重要原因是满足炫耀性心理。

此外，与追求稀缺价值相关的心理还包括精明者心理，即向自己或他人证明自己是一位能将钱花在刀刃上的精明购物者。精明者心理是消费者在自我成就动机驱动下，通过获取特殊或具有额外价值的商品而显示自己优越的一种心理。已有研究表明，消费者会以拥有某个难以获得的产品或以更优惠的价格拥有某个产品作为成功事例来证明自己是精明的。其中，由于稀缺性商品仅能由小部分消费者获取到，因此拥有稀缺性商品尤其能够体现消费者是精明的（Schindler，1998）。基于此，出于证明自己是一位精明购物者的心理，消费者往往倾向于选择稀缺性商品。

（二）独特性需求理论

独特性需求理论从动机的角度更加细致地解释了消费者追求稀缺性消费的原因，弥补了商品理论产品视角的局限性。该理论认为，消费者具备独特性的需求并会为此付出努力，即消费者渴望并致力于创造自己与他人的差异化，这是出于自我概念建构与自我形象表征需要而与生俱来的心理（Snyder and Fromkin，1977）。在众多表征差异化的方式中，获取和使用具有独特性的产品是最有效、最快速以及最安全的方式（Tian et al.，2001；Ruvio et al.，2008；Wu et al.，2012；Sharma and Alter，2012），因此当消费者渴望表达自我独特性或提升自我形象时，他们便倾向于选择稀缺性商品，以期通过产品的独特性来实现自我的独特性。

（三）心理抗拒理论

心理抗拒理论是解释稀缺效应的经典理论之一。它与商品理论和独特性需求理论不同的是，商品理论和独特性需求理论分别是从产品可得性的角度与消费者动机角度研究消费者的行为反应，而心理抗拒理论则是从消费者选择自由的角度展开研究。心理抗拒理论表明，人们通常相信自己拥有对行为的选择权与掌控权，并且十分珍惜这种自由的感觉。然而，这种自由十分容易受到威胁，任何客观因素或说服信息都可能在一定程度上被视为威胁。在消费情境中，操控性的广告、销售人员的推荐、产品的限制信息等都会被消费者视为潜在的自由威胁（Wicklund，1980）。当这种自由面临威胁时，个体会产生强烈的厌恶情绪与抵抗行为，旨在用他们所能够采取的一切行动恢复受到威胁的自由，其中最直接的反应就是采取与限制因素相反的言行（Brehm，1981；Sheu and Kuo，2020；Maghsoudi et al.，2018）。贺远琼等（2016）对产品限制性的进一步研究表明，那些导致消费者无法践行其自由意志的主观或客观限制性因素都有可能引发抗拒心理，包括产品选择限制、购买数量限制、购买时间限制、购买条件限制、支付方式限制等。当环境传递出与受限相关的威胁信息时，如长时间的排队、无法购买到所需的产品、购买量受限等，这些信息会促使消费者意识到自己的行为自由即将受到限制，进而会产生抗拒心理。为恢复和保持个人对产品拥有的自由，他们反而会提高对稀缺性产品的关注度，增加稀缺性消费行为，通过这种方式消费者可以表达自己是可以获得拥有某种商品的自由的，是不被外界约束所限制的（Sterman and Dogan，2015；Pan et al.，2020）。

（四）预期后悔理论

另一种与稀缺性消费相关的理论是预期后悔理论，它主张人们在面对行为选择时会将被选择的行为与被拒绝的行为进行比较以预期情绪后果（Gupta and Gentry，2019）。由于后悔情绪是个体所不愿意经历的负面情绪，因此当个体预期到可能产生后悔情绪时会改变行为以避免后悔情绪。通常，当面对稀缺性产品的时候，个体会预期不参与购买和参与购买这两种行为的结果。其中，不购买稀缺性产品的行为很可能导致个体在未来产生需求时无法再次获取到相关的资源，这是远差于当下参与稀缺性产品购买行为的结果的。因此，个体更可能因为没有购买稀缺性产品体验到后悔，从而选择进行稀缺性消费（Wang et al.，2019）。

尽管我们分别归纳了四种与稀缺性消费相关的理论及其相关研究，但这些理论与研究并不是独立存在的。即便在特定情景下某个理论可能具备更强的解释力，但各个理论围绕个体不同层次的心理需求共同形成了多层次的综合性心理机制，共同解释了消费者进行稀缺性消费的内在逻辑。

四 稀缺性消费的研究范式

稀缺性消费的相关研究主要依据问卷调研与实验研究两种范式展开。其中，问卷调研是一种通过发放问卷来获取参与者主观报告的行为倾向的研究方法。例如，在以往研究中，Jin 等（2020）采用问卷调研的方法测量了消费者的稀缺性消费倾向。具体而言，研究通过选取"我愿意因为一个商品稀缺而去购买它""我愿意为获得稀缺性的商品多支付一些金钱""我愿意为获得稀缺性的商品多付出一些努力"等典型问题构建了稀缺性消费量表，并通过随机取样的方式发放问卷以实现对稀缺性消费行为的测量。

实验研究则是一种通过控制与操纵实验情景来实现对消费行为的直接观察或衡量的研究方法。例如，Sharma 和 Alter（2012）则是采取了实验设计的方法，通过改变商品的稀缺属性并对比操纵组与控制组的行为差异以研究消费者在经历了财务约束后进行稀缺性消费的心理机制。他们在实验中通过改变不同颜色糖果的比例操纵了资源的稀缺性。在实验情景中，他们放置了一个装有15颗一种颜色糖果和5颗另一种颜色糖果的玻璃瓶，以数量少的糖果代表稀缺性资源。随后，启动财务约束条件，并测量他们摄入的稀缺颜色糖果数量，以衡量启动剥夺感之后被试的稀缺性消费行为。除改变数量比例之外，Sharma 和 Alter（2012）还采用了另外一种糖果偏好实验设计来更加直接地衡量参与者的稀缺性消费行为。在财务约束操纵之后，Sharma 和 Alter（2012）告知所有的参与者有两种糖果可以作为实验报酬，他们可以选择其中一种，而恰好有一种糖果的供应量比另一种少。在这一情景中，参与者的选择直接代表了他们对稀缺性商品的偏好。

由此可见，问卷调研与实验研究各有所长，两种范式通过不同的测量方法为稀缺性消费的研究提供了实证工具。

第二节　本体安全感对居民稀缺性消费影响的理论分析

一　本体安全感对居民稀缺性消费影响的总效应

本体安全感缺乏时个体会产生恐惧、焦虑、紧张等负面情绪。在此背景下，居民会通过一系列的行为来应对外在的威胁和负面情绪，其中也包括他们的消费行为。具体来说，由于突发事件中居民难以在短时间内准备充足的资源来应对外在威胁，这会增强他们对资源的稀缺性感知和对稀缺性资源的渴望。当人们感知到自己没有足够的资源来应对外在威胁时，他们会产生压力感、失控感、不安全感等负面情绪（Mittal and Griskevicius，2016）。于是他们会通过具体的行动来获取那些稀缺的资源，进而更加偏好具有稀缺属性的商品。稀缺性的商品不仅可以让居民获得有价值的资源，还可以帮助他们缓解恐惧、紧张和不安等心理状态（Sharma and Alter，2012）。基于以上逻辑，我们提出以下假设。

H1：本体安全感缺乏与居民的稀缺性消费行为正相关。

二 物质主义的中介作用

正如上文所言，本体安全感威胁会增强居民对自身拥有资源的匮乏感，而物质是个体应对外在威胁的重要资源。因此，当面对外在的威胁和不确定性时，个体可能会增强自己对物质拥有的渴望，以此来对冲潜在的风险。除此之外，基于恐惧管理理论的研究发现，对死亡的恐惧会增强个体的物质主义倾向（Kasser and Sheldon，2000）。这是由于人们往往会把物质主义作为一种心理防御策略，通过追求物质财富对生命重新赋予意义，以减少死亡带来的恐惧和焦虑（Chan and Prendergast，2007）。因此，个体的物质主义倾向会在他们遭受死亡威胁之后显著地提升。例如，已有研究发现，经历"5·12"汶川地震后，当地居民的物质主义倾向增强，表现出了较强的消费和物质占有欲望（翁智刚等，2011）。因此，本书认为本体安全感缺乏迫使人们长期处于死亡威胁和资源匮乏的情景下，为应对威胁，人们的物质主义价值观会明显上升。在较强物质主义价值观的驱使下，人们会更加关注有价值的资源，这是由于有价值的资源更能够帮助个体弥补资源的匮乏感和满足个体的心理需求。由于稀缺性的商品比普通商品蕴含着更多的经济价值和情感价值，因此拥有较高物质主义价值观的个体会更加偏好稀缺性的商品。例如，已有研究发现，相比于普通商品，拥有较高物质主义倾向的消费者会更加偏爱具有稀缺属性的奢侈品（Goldsmith and Clark，2012）。基于以上逻辑，我们提出以下假设。

H2：物质主义在本体安全感与稀缺性消费的关系中起中介作用，即本体安全感缺乏会提升居民的物质主义价值观，进而提升他们的稀缺性消费倾向。

三 领悟社会支持的调节作用

当面对外在的威胁时，个体有多种不同的应对方式可以选择，他们既可以通过对物质资源的获取与占有来增强自己抵抗风险的能力并获得心理的安全感，也可以通过寻求亲密的社会关系来从他人和群体那里获得应对风险的资源与情感依恋。例如，恐惧管理理论认为，当个体面对与死亡相关的威胁时，他们既可以通过增强亲密关系的防御机制来应对死亡的恐惧和焦虑，也可以通过增强自尊的防御机制来应对与死亡相关的心理威胁（陆可心等，2019）。前者可能会增强个体的社交和利他倾向，后者可能会让个体增强对财富和地位的追求（Wisman and Koole，2003）。我们也会观察到不同的个体会采取不同的方式来应对本体安全感威胁，有些居民倾向于从群体与社会中获取应对外在威胁的资源与情感支持，而有些居民则会选择通过获取和占有物质资源的方式来应对威胁和获取安全感。前者往往会导向更具有建设性的结果，例如，强化人与人之间的团结和亲密，促进居民之间的相互帮助与社会支持，等等。后者却往往会导致消极的后果，如我们上文所说的强化居民物质主义的价值观和非理性的稀缺性消费倾向。本书认为领悟社会支持是调节居民对以上两种应对方式选择的重要因素，高领悟社会支持的居民面对本体安全感威胁时更可能通过亲密的社会关系来缓解内心的恐惧，以增加应对本体安全感威胁的心理资源；而低领悟社会支持的居民由于从亲密关系中获得的支持和资源较少，在面对本体安全感威胁时更倾向于选择获取物质资源的应对方式，进而增强他们的物质主义倾向和增加稀缺性消费行为。因此，领悟社会支持具有弱化本体安全感威胁对居民物质主义倾向和稀缺性消费行为的作用。基于以上逻辑，我们提出以下假设。

H3：领悟社会支持在本体安全感与居民稀缺性消费的关系中起负向调节作用，即相比高领悟社会支持的居民，低领悟社会支持的居民更可能表现出物质主义倾向和稀缺性消费行为。

第三节　本体安全感对居民稀缺性消费影响的实证检验

一　统计分析流程

为了对前文假设展开研究，本节遵循以下统计分析流程。

首先，我们采用多元回归的方法，在控制变量的条件下，分析自变量"本体安全感"对因变量"稀缺性消费"的影响。

其次，我们采用经典的逐步回归方法，在控制变量的条件下，分析"物质主义"在本体安全感对稀缺性消费影响中的中介作用，并且采用Bootstrap方法对逐步回归的结果进行进一步验证。

最后，我们采用经典的逐步回归方法，在控制变量的条件下，分析"领悟社会支持"在本体安全感对稀缺性消费影响中的调节作用，以及有调节的中介效应模型，并且采用Bootstrap方法对逐步回归的结果进行进一步验证。

二　统计分析结果

（一）本体安全感对居民稀缺性消费影响的总效应分析

为了验证本体安全感对居民稀缺性消费影响的总效应，我们将"本体安全感"作为自变量，以样本的"性别"、"年龄"、"个人平均月收入"、"家庭平均月收入"、"个人平均月花销"、"家庭平均月花销"和"受教育程度"为控制变量，分析它们对因变量"稀缺性消费"的影响。

为了对比本体安全感对居民稀缺性消费的影响究竟是长期效应还是短期效应，我们分别对首批调查数据和跟踪调查数据进行了分析。通过表5-1的统计结果发现：本体安全感对居民稀缺性消费的短期影响显著（$\beta = 0.093$，$p < 0.001$，模型1），但是长期影响不显著（$\beta = 0.003$，$p > 0.05$，模型2）。这说明本体安全感显著地提升了居民的稀缺性消费倾向，但这种影响会逐渐消失。

表 5-1 本体安全感对居民稀缺性消费影响的回归分析（总效应检验）

数据来源	首批调查数据($N=1548$)		跟踪调查数据($N=466$)	
模型	模型 1		模型 2	
因变量	稀缺性消费		稀缺性消费	
统计量	β	p	β	p
控制变量				
性别(女=0)	−0.044	0.100	0.060	0.232
年龄	−0.056	0.063	−0.036	0.476
个人平均月收入	−0.038	0.317	0.008	0.908
家庭平均月收入	0.038	0.281	−0.052	0.403
个人平均月花销	0.064	0.087	−0.018	0.778
家庭平均月花销	0.119 **	0.003	0.181 **	0.009
受教育程度	0.109 ***	0.000	0.135 **	0.008
自变量				
本体安全感	0.093 ***	0.000	0.003	0.950
方程指标				
R²	0.068		0.053	
Adj. R²	0.062		0.035	
F	12.855 ***		2.964 **	

注：** 代表 $p<0.01$，*** 代表 $p<0.001$；β 代表标准化的回归系数，p 代表显著性水平。

（二）本体安全感对居民稀缺性消费影响的中介效应分析

针对首批调查数据，我们采用经典的逐步回归方法进行中介效应分析（见表 5-2）。首先，在控制变量的条件下，做自变量本体安全感对中介变量的回归，结果发现本体安全感对居民的物质主义具有显著的正向影响（ $\beta=0.096$，$p<0.001$，模型 3）。其次，在控制变量的条件下，做自变量本体安全感和中介变量物质主义对因变量稀缺性消费的回归，结果发现物质主义对居民的稀缺性消费具有显著的正向影响（ $\beta=0.362$，$p<0.001$，模型 4），物质主义倾向越高的居民越倾向于进行稀缺性消费。以上分析说明，物质主义在本体安全感对居民稀缺性消费的影响中起中介作用。通过模型 4 还可以看到，在物质主义中介作用的基础上，本体安全感对居民稀缺性消费影响的直接效应也显著（ $\beta=0.059$，$p<0.05$）。这说明物质主义的中介作用

表5-2　本体安全感对居民稀缺性消费影响的中介效应分析

数据来源	首批调查数据（N=1548）				跟踪调查数据（N=466）			
模型	模型3		模型4		模型5		模型6	
因变量	物质主义		稀缺性消费		物质主义		稀缺性消费	
统计量	β	p	β	p	β	p	β	p
控制变量								
性别（女=0）	-0.060*	0.026	-0.023	0.370	-0.020	0.685	0.066	0.159
年龄	-0.126***	0.000	-0.011	0.709	-0.182***	0.000	0.025	0.602
个人平均月收入	-0.074*	0.050	-0.011	0.758	-0.065	0.325	0.029	0.637
家庭平均月收入	0.005	0.879	0.036	0.272	-0.099	0.108	-0.018	0.753
个人平均月花销	0.154***	0.000	0.008	0.814	0.068	0.299	-0.041	0.505
家庭平均月花销	0.056	0.165	0.098**	0.009	0.137*	0.049	0.135*	0.041
受教育程度	0.027	0.320	0.099***	0.000	0.004	0.940	0.134**	0.006
中介变量								
物质主义			0.362***	0.000			0.337***	0.000
自变量								
本体安全感	0.096***	0.000	0.059*	0.019	0.011	0.822	-0.001	0.989
方程指标								
R^2	0.060		0.191		0.061		0.160	
Adj. R^2	0.055		0.186		0.044		0.142	
F	6.319***		37.061***		3.455***		8.919***	

注：* 代表 p<0.05，** 代表 p<0.01，*** 代表 p<0.001；β 代表标准化的回归系数，p 代表显著性水平。

是部分中介作用，即除了物质主义以外本体安全感对居民稀缺性消费的影响还可能存在其他解释机制。

针对跟踪调查数据，我们采取相同的方法进行中介效应分析，结果发现本体安全感对居民物质主义的影响不显著（$\beta = 0.011$，p>0.05，模型5），但是物质主义仍然会影响居民的稀缺性消费行为（$\beta = 0.337$，p<0.001，模型6）。这说明本体安全感之所以不对居民长期的稀缺性消费产生影响，是由于居民一段时间后的物质主义倾向降低了。通过数据分析还可以发现，那些物质主义倾向较高的居民依然会进行稀缺性消费，说明物质主义是影响居民稀缺性消费的一个日常因素。

在经典的逐步回归方法的基础上，我们还采用了 Bootstrap 方法，使用 Hayes（2013）所开发的 Bootstrap 程序进行中介效应分析（Model 4）。针对首批调查数据进行分析，我们得出如下结果（见表5-3）：本体安全感对居民稀缺性消费影响的总效应显著（95%CI=0.0424~0.1506），物质主义的间接效应显著（95%CI=0.0173~0.0562），直接效应显著（95%CI=0.0100~0.1113）。针对跟踪调查数据进行分析，我们得出如下结果（见表5-3）：本体安全感对居民稀缺性消费影响的总效应不显著（95%CI=-0.0969~0.1033），物质主义的间接效应不显著（95%CI=-0.0287~0.0363），直接效应不显著（95%CI=-0.0950~0.0938）。这说明 Bootstrap 分析的结果基本复制了逐步回归的结论。

表 5-3　本体安全感对居民稀缺性消费影响的 Bootstrap 中介效应分析

数据来源	效应结果		SE	LLCI	ULCI
首批调查数据 （$N=1548$）	Total Effect	0.0965	0.0276	0.0424	0.1506
	Direct Effect	0.0606	0.0258	0.0100	0.1113
	Indirect Effect	0.0359	0.0101	0.0173	0.0562
跟踪调查数据 （$N=466$）	Total Effect	0.0032	0.0509	-0.0969	0.1033
	Direct Effect	-0.0006	0.0480	-0.0950	0.0938
	Indirect Effect	0.0038	0.0162	-0.0287	0.0363

注：Total Effect 代表总效应，Direct Effect 代表直接效应，Indirect Effect 代表间接效应，以上效应均为非标准化的系数值；SE 代表标准误，LLCI 代表 95%置信区间下限值，ULCI 代表 95%置信区间上限值，这两个值构成的区间不包含 0 代表该效应的 Bootstrap 分析结果显著。

（三） 领悟社会支持为调节变量的有调节的中介效应模型

我们首先用经典的逐步回归方法进行有调节的中介效应分析。在分析之前，我们将领悟社会支持的平均分进行了中心化处理，由于本体安全感是以0为平均数的标准化分数，因此不需要进行中心化处理。基于中心化的数据我们构造了交互项"本体安全感×领悟社会支持"。

首先，我们分析领悟社会支持对总效应的调节作用（见表5-4），通过模型7可以看到，"本体安全感×领悟社会支持"对居民稀缺性消费的影响显著（$\beta = -0.054$，p<0.05）。这说明领悟社会支持负向调节本体安全感对居民稀缺性消费的影响，即本体安全感对领悟社会支持较高居民的稀缺性消费的影响要小于对领悟社会支持较低居民的影响。

表5-4　领悟社会支持为调节变量的有调节的中介效应分析

模型	模型7		模型8		模型9	
因变量	稀缺性消费		物质主义		稀缺性消费	
统计量	β	p	β	p	β	p
控制变量						
性别（女=0）	−0.042	0.118	−0.057*	0.033	−0.021	0.394
年龄	−0.057	0.060	−0.125***	0.000	−0.012	0.675
个人平均月收入	−0.042	0.264	−0.077*	0.042	−0.015	0.679
家庭平均月收入	0.037	0.290	0.006	0.863	0.035	0.286
个人平均月花销	0.065	0.083	0.154***	0.000	0.009	0.786
家庭平均月花销	0.119**	0.003	0.057	0.155	0.098**	0.009
受教育程度	0.103***	0.000	0.022	0.409	0.094***	0.000
中介变量						
物质主义					0.058*	0.021
自变量						
本体安全感	0.090***	0.001	0.090***	0.001	0.358***	0.000
调节变量						
领悟社会支持	0.061*	0.018	0.036	0.170	0.048*	0.046
交互项						
本体安全感×领悟社会支持	−0.054*	0.035	−0.074**	0.004	−0.028	0.253

模型	模型 7		模型 8		模型 9	
因变量	稀缺性消费		物质主义		稀缺性消费	
统计量	β	p	β	p	β	p
方程指标						
R²	0.074		0.067		0.194	
Adj. R²	0.068		0.060		0.187	
F	11.312***		10.157***		30.859***	

注：* 代表 $p<0.05$，** 代表 $p<0.01$，*** 代表 $p<0.001$；β 代表标准化的回归系数，p 代表显著性水平。

其次，我们通过表5-4中的模型8和模型9采用经典的逐步回归方法对有调节的中介效应模型进行分析。在第一步中，我们分析了"本体安全感×领悟社会支持"对物质主义的影响，结果发现领悟社会支持显著地调节了中介效应模型的前半段路径（$\beta = -0.074$，$p<0.01$，模型8）。在第二步中，我们分析了领悟社会支持对直接效应的调节作用，结果发现"本体安全感×领悟社会支持"对直接效应的调节作用不显著（$\beta = -0.028$，$p>0.05$，模型9），但是中介效应模型的后半段路径，即物质主义对稀缺性消费的影响显著（$\beta = 0.058$，$p<0.05$，模型9）。以上数据分析说明，本章所假设的有调节的中介效应模型成立。

为了进一步检验调节作用的模式，我们采用了 Bootstrap 方法，使用 Hayes（2013）所开发的 Bootstrap 程序进行调节效应分析（Model 1）。表5-5呈现的是总效应的简单斜率分析的结果。我们可以看到当领悟社会支持高于平均数一个标准差时，本体安全感对稀缺性消费的影响不显著（95% CI = -0.0348~0.1170）；当领悟社会支持为平均数时，本体安全感对稀缺性消费的影响显著（95% CI = 0.0388~0.1473）；当领悟社会支持低于平均数一个标准差时，本体安全感对稀缺性消费的影响也显著（95% CI = 0.0757~0.2142）。但是当领悟社会支持低于平均数一个标准差时本体安全感对稀缺性消费的影响效应（Effect = 0.1449）要大于领悟社会支持为平均数时本体安全感对稀缺性消费的影响效应（Effect = 0.0930）。总效应的简单斜率分析的结果说明，当领悟社会支持较高时，本体安全感并不会显著影响居民的稀缺性消费，但是伴随着领悟社会支持的减少，本体安全感对居民稀缺性消费的影响越来越大。

表 5-5 总效应的简单斜率分析

领悟社会支持	Value	Effect	SE	LLCI	ULCI
−SD	2.4882	0.1449	0.0353	0.0757	0.2142
Mean	3.4709	0.0930	0.0277	0.0388	0.1473
+SD	4.4535	0.0411	0.0387	−0.0348	0.1170

注：Value 代表调节变量"领悟社会支持"的取值，Effect 代表自变量本体安全感对因变量稀缺性消费的总效应的非标准化值；SE 代表标准误，LLCI 代表 95%置信区间下限值，ULCI 代表 95%置信区间上限值，这两个值构成的区间不包含 0 代表该效应的 Bootstrap 分析结果显著。

为了进一步检验有调节的中介效应模型，我们采用了 Bootstrap 方法，使用 Hayes（2013）所开发的 Bootstrap 程序进行调节效应分析（Model 8）。表 5-6 呈现的是间接效应的简单斜率分析的结果。我们可以看到当领悟社会支持高于平均数一个标准差时，间接效应不显著（95% CI = −0.0186 ~ 0.0348）；当领悟社会支持为平均数时，间接效应显著（95% CI = 0.0153 ~ 0.0530）；当领悟社会支持低于平均数一个标准差时，间接效应也显著（95% CI = 0.0340 ~ 0.0865）。但是当领悟社会支持低于平均数一个标准差时的间接效应（Effect = 0.0588）要大于领悟社会支持为平均数时的间接效应（Effect = 0.0332）。

表 5-6 间接效应的简单斜率分析

领悟社会支持	Value	Effect	SE	LLCI	ULCI
−SD	2.4882	0.0588	0.0132	0.0340	0.0865
Mean	3.4709	0.0332	0.0097	0.0153	0.0530
+SD	4.4535	0.0077	0.0137	−0.0186	0.0348

注：Value 代表调节变量"领悟社会支持"的取值，Effect 代表自变量本体安全感对因变量稀缺性消费的间接效应的非标准化值；SE 代表标准误，LLCI 代表 95%置信区间下限值，ULCI 代表 95%置信区间上限值，这两个值构成的区间不包含 0 代表该效应的 Bootstrap 分析结果显著。

　　表 5-7 呈现的是直接效应的简单斜率分析的结果。我们可以看到当领悟社会支持高于平均数一个标准差时，直接效应不显著（95% CI = -0.0374~0.1043）；当领悟社会支持为平均数时，直接效应显著（95% CI = 0.0090~0.1106）；当领悟社会支持低于平均数一个标准差时，直接效应也显著（95% CI = 0.0210~0.1513）。但是当领悟社会支持低于平均数一个标准差时的直接效应（Effect = 0.0862）要大于领悟社会支持为平均数时的直接效应（Effect = 0.0598）。以上数据再次证明了本章所假定的有调节的中介效应模型成立。

表 5-7　直接效应的简单斜率分析

领悟社会支持	Value	Effect	SE	t	p	LLCI	ULCI
-SD	2.4882	0.0862	0.0332	2.5944	0.0096	0.0210	0.1513
Mean	3.4709	0.0598	0.0259	2.3076	0.0212	0.0090	0.1106
+SD	4.4535	0.0334	0.0361	0.9250	0.3551	-0.0374	0.1043

　　注：Value 代表调节变量"领悟社会支持"的取值，Effect 代表自变量本体安全感对因变量稀缺性消费的直接效应的非标准化值；SE 代表标准误，LLCI 代表 95% 置信区间下限值，ULCI 代表 95% 置信区间上限值，这两个值构成的区间不包含 0 代表该效应的 Bootstrap 分析结果显著。

三　研究结论

　　本章基于恐惧管理理论分析了本体安全感对居民稀缺性消费的影响及其心理机制，并得出以下结论。本体安全感促进了居民的稀缺性消费行为，但是这种影响是短期的，只有在本体安全感威胁事件爆发期居民的稀缺性消费行为才会受到影响，在本体安全感威胁事件的恢复期这种影响会消失。这是由于本体安全感威胁提升了居民的物质主义倾向，进而增加了他们的稀缺性消费行为，一段时间之后居民的物质主义倾向会降低，进而本体安全感对居民稀缺性消费的影响消失。在本体安全感威胁事件爆发期，领悟社会支持在本体安全感对稀缺性消费的影响中起调节作用，当居民感受到的领悟社会支持较多时，本体安全感对他们稀缺性消费的影响要小于感受到的领悟社会支持较少时的影响。

第六章
本体安全感与居民健康消费

第一节　本体安全感与居民健康消费研究的文献述评

随着社会经济的不断发展和居民生活质量的显著提升，人们对于自身安全感的追求也日益加强。在这种背景下，居民的健康消费观念逐渐深入，健康消费行为日益成为日常生活中不可或缺的一部分。安全感作为个体心理健康的重要体现，与健康消费行为之间存在着密切的内在联系。因此，对本体安全感与居民健康消费进行深入研究，不仅有助于理解居民健康消费行为的动机与机制，进而帮助居民提升自身的健康与幸福，还能为健康产业的发展提供理论支撑和实践指导。

一　健康消费的概念和价值

（一）健康消费的概念

健康消费是指居民对能够保持他们健康的商品或出于健康考虑而进行的消费行为。在人民日益增长的美好生活需要的背景下，健康消费的理念日益深入人心。人们对于健康的理解由原本的"没有疾病"逐渐发展到如今包含"生理健康、心理健康、社会健康以及环境健康"的整体性概念（Koskinen et al.，2017；庄玮等，2018），而对健康消费的需求也由单一的医疗保健用品逐步扩大到健身养生、绿色健康食品、环保节能、与健康有关的书籍和杂志以及愉悦身心的健康运动等多元化的消费。简而言之，一切与居民身体健康有关的消费行为，包括健康产品、健康服务都可以称为健康消费。在这里需要说明的一点是，本书中的健康消费与在消费市场中所强调的健康消费是两个不同的概念，要注意区分。前者是指与居民身体健康有关的消费行为，后者则是指消费者要根据自身实际经济状况和消费需求理性购买，避免盲从和攀比。

（二）健康消费的价值

近年来，伴随着我国居民生活水平的提升，人们的健康意识逐步提高，并且表现出越来越强的"为健康买单"的健康消费意识。健康消费市场蓬勃发展的同时，健康产业也越来越得到国家的关注与扶持。例如，中共中央、国务院印发并着力推进实施了《"健康中国2030"规划纲要》，该纲要指出要鼓励健康产业科技创新，积极培育健康消费市场，提高居民健康消费意识。这说明促进居民的健康消费不仅有利于居民自身的健康与幸福，还有利于健康产业的发展和经济的增长。

居民健康水平是衡量一个国家社会发展的重要指标。随着居民生活水平的提升、生活条件的改善，人们对于生活质量的追求不断提高，对个人健康的重视程度也逐渐加深。这导致了在与自身健康有关的消费项目上的支付费用在总支出中的比重不断提升。健康消费活动的深入开展不仅可以提升居民的生活幸福和福利水平，同时由健康消费所带动的健康产业的发展也对产业升级、经济发展等具有重大的推动作用。当前，随着居民健康意识的逐渐加强，健康消费已经成为社会发展的重要话题，健康成为人们重点关注的问题。一方面，刺激居民健康消费可以有效保障居民的身体健康，提高居民生活幸福感；另一方面，居民对健康产品和健康服务的消费，在一定程度上可以刺激健康产业发展、加快健康产业升级，有效助力我国当前社会经济的恢复。

二　健康消费的影响因素

鉴于国家政策对健康产业的大力支持和健康消费有益于居民身心健康的价值，研究如何正确引导居民的健康消费行为具有重要意义。通过增强消费者的健康消费意识，可以推动健康产业稳步发展。下面我们将对已有文献中所发现的影响居民健康消费行为的因素进行总结。

（一）个体因素

Crossman（1972）通过建立健康需求模型，将健康人力资本纳入消费者需求的重要内容中，开创了健康消费研究的重要理论基础。自此，众多学者以该模型为基础进行了大量实证研究，对该模型进行了拓展和补充，这些研究通常包括一些横截面数据（Erbsland et al., 1995）和时间序列数据（Wagstaff, 1993）。已有研究发现，居民的某些个体因素，如收入、年龄、受教育程度等，会对居民的健康消费产生影响（李慧，2020）。例如，Gerdtham 等（1992）采用了纵向数据探究年龄与医疗保健支出之间的关系，结果发现，居民的医疗保健支出取决于居民的主观预期剩余寿命，而非其客观的年龄数值，即当居民感知其预期剩余寿命较长时他们会在医疗保健方面支付更高的金额，以便使自己的身体状况与其预期寿命相匹配。王增福（2016）以及谢聪等（2018）通过大量的面板数据证实了人均可支配收入、居民消费水平、老年人群体比重的提升均会促进城镇居民的医疗保健支出。

（二）家庭因素

除个体因素外，家庭因素也是影响居民健康消费的重要来源。Mocan 等（2004）通过对 6407 个中国家庭的特征数据进行分析得出，家庭特征，包括家中是否有学生、家人保险类型、家庭居住环境以及人均住房间数等因素都会对居民的医疗保健产品的消费具有显著影响。对以上影响居民健康消费的个体因素和家庭因素进行探究和总结的基础上，已有文献发现，尽管与居民可支配收入有关的因素会影响居民的健康消费意愿，但医疗保健产品本身的价格弹性却非常低（Li, 1996；王增福，2016），这一结果也反映了人们对与健康有关的产品的需求是存在一定程度上的必要性的。

（三）情境因素

个体因素和家庭因素对居民健康消费的影响属于"静态"的稳定因素，而除此之外，还存在着某些"动态"的情境因素。这些情境因素，有些是通过正面影响引导提高人们的健康消费意识，有些则是通过负面威胁性情境刺激人们的健康消费行为。例如，左新荣（2002）的研究发现，参照群体对居民的健康消费行为具有积极的引导作用，当强调参照群体的健康消费行为时，居民很容易受到参照群体的影响而去进行有益健康的消费行为。

此外，当人们意识到自己处于某种对自身健康有害的环境中时，会强化人们的健康意识，增加人们对提高自身健康状况的关注。沈煜和孙文凯（2020）以中国各地区的PM2.5数据作为准自然实验，验证了污染信息公开对居民健康消费支出的影响，从更为精细化的角度探究了污染水平的提升与居民健康消费支出之间的数值关系，揭示了信息公开的微观效应。同时，McCabe等（2014）的研究也发现暴露于死亡信息威胁的情境下也会促使人们更加愿意购买绿色健康食品。此外，康力和陈洁（2017）基于在线社交网络，探究自我损耗和情绪调控对消费者健康消费的影响，结果表明，在高水平的自我损耗情境下，具有较低情绪调控能力的参与者更倾向于选择不健康的食物。总体而言，以上的情境研究也反映，针对健康消费，负面刺激或威胁更可能激发消费者的健康意识和健康消费行为。

三 健康消费的研究方法

目前健康消费的研究中关于其测量方式的运用主要包括以下三个方面：一是采用二手数据，从已有数据库中获取居民健康消费支出；二是采用问卷调查的方式获取一手数据，探究居民的健康消费意愿；三是通过实验的方式，探究消费者对健康产品的偏好。

（一）二手数据分析

在有关健康消费的研究中，众多学者将已有数据库中个人或家庭在与健康相关的项目上的支出作为健康消费的支出指标，来探究居民的健康消费行为。例如，沈煜和孙文凯（2020）将保健品支出作为健康消费的替代指标，数据来源于北京大学中国健康与养老追踪调查（CHARLS）项目。数据覆盖全国28个省级行政区，约1万户家庭，从中随机抽取45岁及以上成员，探究他们在2011年、2013年以及2015年这三年的家庭保健品消费状况。他们除调查家庭保健品费用外，还根据家庭总支出，计算保健品费用占比。再如，李慧（2020）利用中国家庭跟踪调查（CFPS）中的数据，探究居民健康消费的基本情况，分析影响居民健康消费的个体及家庭因素。而吴浩和秦博（2015）则是以中国家庭金融调查（CHFS）微观数据为依据，探究家庭成员身体状况与其健康消费之间的关系。

（二）问卷调查法

通过测量的方式来探究居民的健康消费行为时，除采用已有数据库中的二手数据外，还可以通过问卷调查的方式获得一手数据。当通过二手数据无法满足我们的研究需要时，便可以通过问卷调查的方法，有针对性地获取需要的数据。例如，郭文秀等（2020）为探究影响老年人健康消费行为的显性因素以及潜在因素，同时分析老年人健康消费行为的特征及影响路径，从健康消费动机、健康消费选择、健康消费偏好三个维度设计了老年人健康消费行为调查量表，探究了老年人群体的健康消费行为，共包含15道题项，采用李克特5级量表进行评价。

（三）实验操纵法

在实验研究中对消费者健康消费行为的测量主要是为参与者提供具体的健康选项，并询问参与者偏好、消费意愿、支付意愿等。例如，Mittal 和 Griskevicius（2016）在其研究中探究了人们对医疗保险的消费意愿，这一测量方式改编自 Johnson 等（1993）以及 Slovic 等（1977）的研究设计。参与者首先想象自己目前没有医疗保险，然后让他们在一个 0~100 的可能性量表上表明自己购买医疗保险的可能性（0 代表完全没有可能，100 代表极有可能）。此外 Mittal 和 Griskevicius（2016）还测量了参与者对医疗保险的支付意愿，这一测量方法改编自 Hsee 和 Kunreuther（2000）以及 Johnson 等（1993）的研究设计。具体而言，参与者被要求回答以下问题："想象一下，你目前没有医疗保险，正打算购买一份新保单。你每月愿意为健康保险计划支付的最高金额是多少（美元）？"此外，在实验研究中，与健康消费密切相关的行为还可能表现在饮食上。例如，Wilcox 等（2009）在其研究中探究了与食物有关的健康消费行为，他们列出薯条、炸鸡、烤土豆、沙拉四样食物作为选择集，让参与者在 1~7 的量表上评价对这四样食物的喜欢程度。除此之外，参与者被告知每种食物的价格都是一样的，然后让他们选择午餐时最喜欢的配菜，通过他们的选择来判断参与者健康饮食的程度。

四 健康消费的研究现状

(一) 社会经济状况与健康消费

已有研究发现，个体童年时期的社会经济状况会影响其成年后对健康保险的消费意愿。Mittal 和 Griskevicius（2016）提出消费者对健康保险的消费决策受到一个可能被大家所忽略的因素的影响，即儿时的社会经济地位。他们通过一系列的研究发现，儿童时期较低的社会经济地位导致了人们在成年后对医疗保险类产品较低的兴趣，这种影响与他们当前的社会经济地位无关，并且他们受到经济威胁时这种效应会更为明显。此外，Mittal 和 Griskevicius（2016）的研究还发现，在特定条件下，儿时社会经济地位对成年后的健康保险消费意愿可能呈现反向的影响。具体而言，当向研究的参与者强调有关患病可能性（基本发病率）的信息时，儿时社会经济地位较低的人反而更有可能寻求医疗保险，这是因为基本发病率信息增强了人们的健康风险感知，进而推动了人们的健康保险决策。同样当人们感知到财务威胁时，这种效应也会进一步加强。

(二) 健康目标与健康消费

当前，越来越多的人开始重视健康问题，尤其是在饮食方面，人们也强烈呼吁在菜单上增加健康食物的选项，这一呼吁得到了积极的回应。餐馆、各种活动场所、零售商等都在增加健康产品的选项，然而戏剧性的是，Wilcox 等（2009）的研究发现，当在不健康的食品种类中增加了健康食品时，这对于那些非常喜欢健康食品的人来说是有益的，但对于大多数人而言，健康选项的增加反而会提升消费者对非健康食品的摄入。例如，Chandon 和 Wansink（2007）的研究指出，当餐馆提出健康低卡的主打菜时，可能导致消费者订购更多的高热量配菜。菜单中健康食物的出现使得顾客对其他高热量食物的卡路里认知不敏感（Martin，2007），因为健康食物的存在，反而为人们沉迷于诱人的不健康食物提供了借口和可能。此外，Wilcox 等（2009）还发现，这些影响对于那些自我控制水平相对较高的个体而言更为突出。尽管在一般情况下，在与健康有关的目标实现过程中，相对于自我控制水平较低的人而言，自我控制水平较高的人面对不健康的食物具有更强的控制力，但在不健康的食物选择集中添加了健康食品时，他们的控制力反而下降了，做出更为放纵的食品相关决定。

（三）身份认同与健康消费

有时尽管人们知道某些行为是不健康的，如吸烟、酗酒，但是他们仍然会持续这些消极的非健康行为，即使他们意识到这样做可能会给自己的身体健康带来风险（Fisher and Misovich，1990）。然而，已有研究发现当把非健康行为与他们所希望割裂的群体或社会身份相联系时，人们为了避免与这种群体身份发生联结，会自动远离非健康行为。比如，如果一个学生不希望别人将自己看成一个调皮的学生，假如强化饮酒行为和调皮学生这个群体的联结，那么这个学生的饮酒行为就会减少。例如，Berger 和 Rand（2008）的研究发现当把不健康行为与消费者的规避群体相联系时，人们会做出更健康的选择，尤其是对于那些高自我监控者（对别人如何看待自己很敏感的人）而言，他们更可能受到这种身份信号的影响。

（四）食品摆放位置与健康消费

除了外在因素的影响外，与食物摆放位置有关的营销元素也会影响消费者对健康食物的偏好。例如，Romero 和 Biswas（2016）的研究发现，将健康食品横向摆放在不健康食品的左侧（相对于右侧），会增强消费者对健康选项的偏好，同时对健康食品的消费量也增加。这种"健康在左，不健康在右"的横向展示模式与消费者的心理图式相一致。研究表明，这是由于较低强度的刺激倾向于在左侧进行心理表征，而较高强度的刺激倾向于在右侧进行心理表征（Hubbard et al.，2005）。而消费者通常认为不健康（相对于健康）的食物会更诱人（Hofmann et al.，2010），因此大多数人在心理上将不健康的食物与右侧视野联系起来。将健康食品放置在非健康食品的左侧，提高了消费者信息加工的流畅性和易用性，进而增强了消费者的自我控制，更有利于帮助消费者抵制诱惑，导致消费者选择健康选项的可能性较高。

第二节　本体安全感对居民健康消费影响的理论分析

一　本体安全感对居民健康消费影响的总效应

居民的健康消费行为与社会环境之间具有密切的联系，影响居民健康消费最直观的因素是居民在社会环境中所感知到的健康风险以及与健康有关的外部威胁性信息（Sherman et al.，2000；Harris and Napper，2005）。已有研究表明，当个体自我的某一方面受到威胁时，人们会更倾向于消费那些能够帮助他们恢复受威胁方面的商品和服务（Mandel et al.，2017），以此来应对威胁所产生的消极影响。例如，当人们在外貌上获得较低的评价时，他们会增加其在时装、化妆品、健身塑形等方面的消费，提高自己的外貌水平；当人们在地位和权力上受到威胁时，他们会增加对能够象征地位商品的消费等（金晓彤等，2017；Rucker and Galinsky，2008）。本体安全感威胁往往伴随着对居民的生命与健康的威胁。据此，本书认为，本体安全感会正向影响居民的健康消费，以此来应对本体安全感威胁所产生的消极影响。基于以上推论，我们提出以下假设。

H1：本体安全感威胁与居民未来的健康消费意愿正相关。

二　恐惧感的中介作用

基于恐惧管理理论的实证研究发现，对死亡的恐惧会增加人们对健康商品的消费行为，如增强锻炼、更愿意使用防晒油等（Arndt et al.，2003；Routledge et al.，2004）。这是由于当人们经历对死亡的恐惧后会倾向于通过寻求健康的方式来进行自尊防御，让自己感觉到拥有更多的资源来应对死亡恐惧。为了应对死亡恐惧，个体会采取各种方法来增加自己的应对资源，由于应对疾病和死亡最重要的资源便是自身的健康，此时居民便更愿意为自己的健康买单，从而健康消费意愿得到提升。基于以上逻辑，我们提出以下假设。

H2：恐惧感在本体安全感与居民未来的健康消费意愿的关系中起中介作用。

三 自尊的调节作用

自尊描述的是人们对自己的评价和态度是积极正面的还是消极负面的一种自我认知,由于每个人都追求对自己评价的积极正面性,因此追求高自尊是个体的一项基本动机(Rosenberg,1965)。已有研究发现,提升自尊可以让被试在死亡凸显情境下表现出更少的防御行为和更低的焦虑水平(Greenberg et al.,1993)。自尊之所以能起到防御死亡恐惧的作用,是由于高自尊的个体拥有更多的心理资源,可以更加有效地抵抗死亡带来的负面影响。

基于自尊的这种作用,已有研究发现死亡凸显后个体会进行一些提升自尊的行为。例如,Rudert等(2015)发现死亡凸显后个体更不容易出现后悔行为,因为后悔会降低其自尊水平。Ferraro等(2005)发现死亡凸显情境下,女性更倾向于保持身材以维持较高的身体自尊。由此可见,自尊是个体应对死亡恐惧的一项重要资源。因此在面临恐惧的情况下,居民也会倾向于通过提升自尊的方法来应对本体安全感威胁。由于健康是个体自尊的一项重要来源,拥有更健康身体的人往往比不健康的人的自尊水平更高。例如,一项针对老年人的研究发现,健康的老年人比体弱多病的老年人对生活拥有更强的控制感和更高的自尊。因此,相对于高自尊者而言,低自尊者在面对本体安全感威胁造成的恐惧时,他们会感觉自己拥有的资源更少,因此他们更倾向于通过各种方法来提升和恢复自尊,其中重要的一个方法就是提升自己的健康。基于以上逻辑,我们提出以下假设。

H3:自尊在恐惧感与居民未来的健康消费意愿的关系中起负向调节作用。

第三节 本体安全感对居民健康消费影响的实证检验

一 统计分析流程

为了对前文假设展开研究,本节遵循以下统计分析流程。

首先,我们采用多元回归的方法,在控制变量的条件下,分析自变量

"本体安全感"对因变量"健康消费"的影响。

其次，我们采用经典的逐步回归方法，在控制变量的条件下，分析"恐惧感"在本体安全感对健康消费影响中的中介作用，并且采用 Bootstrap 方法对逐步回归的结果进行进一步验证。

最后，我们采用经典的逐步回归方法，在控制变量的条件下，分析"自尊"在本体安全感对健康消费影响中的调节作用，以及有调节的中介效应模型，并且采用 Bootstrap 方法对逐步回归的结果进行进一步验证。

二 统计分析结果

（一）本体安全感对居民健康消费影响的总效应分析

为了验证本体安全感对居民健康消费影响的总效应，我们将"本体安全感"作为自变量，以样本的"性别"、"年龄"、"个人平均月收入"、"家庭平均月收入"、"个人平均月花销"、"家庭平均月花销"和"受教育程度"为控制变量，分析它们对因变量"健康消费"的影响。

通过表 6-1 的统计结果发现：本体安全感对居民健康消费的短期影响显著（$\beta = 0.071$，p<0.01，模型 1），同时对居民健康消费的长期影响也显著（$\beta = 0.147$，p<0.01，模型 2）。这说明本体安全感威胁显著地提升了居民的健康消费倾向，并且这种效应在长期并没有消失，即居民受本体安全感威胁所影响的健康消费行为是长期的。甚至根据回归系数可以看到，本体安全感威胁对居民长期健康消费意愿的影响还要大于对短期健康消费意愿的影响。

表 6-1　本体安全感对居民健康消费影响的回归分析（总效应检验）

数据来源	首批调查数据（$N=1548$）		跟踪调查数据（$N=466$）	
模型	模型 1		模型 2	
因变量	健康消费		健康消费	
统计量	β	p	β	p
控制变量				
性别（女=0）	−0.014	0.612	0.058	0.250
年龄	0.006	0.836	0.043	0.402

续表

数据来源	首批调查数据（N=1548）		跟踪调查数据（N=466）	
模型	模型1		模型2	
因变量	健康消费		健康消费	
统计量	β	p	β	p
个人平均月收入	0.029	0.445	0.024	0.713
家庭平均月收入	0.088*	0.013	0.015	0.811
个人平均月花销	0.014	0.719	0.054	0.408
家庭平均月花销	0.057	0.164	0.024	0.730
受教育程度	0.052	0.059	0.036	0.480
自变量				
本体安全感	0.071**	0.009	0.147**	0.003
方程指标				
R^2	0.042		0.047	
Adj. R^2	0.036		0.028	
F	7.728***		2.579**	

注：*代表p<0.05，**代表p<0.01，***代表p<0.001；β代表标准化的回归系数，p代表显著性水平。

（二）本体安全感对居民健康消费影响的中介效应分析

针对首批调查数据，我们采用经典的逐步回归方法进行中介效应分析（见表6-2）。首先，在控制变量的条件下，做自变量本体安全感对中介变量的回归，结果发现本体安全感对居民的恐惧感具有显著的正向影响（β=0.157，p<0.001，模型3）。这说明本体安全感越强的居民恐惧感越强。其次，在控制变量的条件下，做自变量本体安全感和中介变量恐惧感对因变量健康消费的回归，结果发现恐惧感对居民的健康消费具有显著的正向影响（β=0.194，p<0.001，模型4）。这说明恐惧感越强的居民越倾向于进行健康消费。以上分析说明，恐惧感在本体安全感对居民健康消费的影响中起中介作用。通过模型4可以看到，在恐惧感中介作用的基础上，本体安全感对居民健康消费影响的直接效应不显著（β=0.041，p>0.05）。这说明恐惧感的中介作用是完全中介作用。

表6-2 本体安全感对居民健康消费影响的中介效应分析

数据来源	首批调查数据 (N=1548)				跟踪调查数据 (N=466)			
模型	模型3		模型4		模型5		模型6	
因变量	恐惧感		健康消费		恐惧感		健康消费	
统计量	β	p	β	p	β	p	β	p
控制变量								
性别（女=0）	-0.150***	0.000	0.015	0.572	0.001	0.986	0.057	0.248
年龄	-0.007	0.830	0.008	0.800	0.017	0.740	0.040	0.423
个人平均月收入	0.013	0.724	0.027	0.479	-0.121	0.068	0.040	0.539
家庭平均月收入	0.021	0.553	0.084*	0.016	-0.122*	0.050	0.031	0.615
个人平均月花销	0.014	0.701	0.011	0.770	0.104	0.114	0.040	0.535
家庭平均月花销	0.021	0.598	0.053	0.189	0.037	0.594	0.019	0.783
受教育程度	0.055*	0.045	0.041	0.126	0.022	0.666	0.033	0.513
中介变量								
恐惧感			0.194***	0.000			0.134**	0.006
自变量								
本体安全感	0.157***	0.000	0.041	0.129	0.165***	0.001	0.125*	0.013
方程指标								
R²	0.056		0.077		0.052		0.063	
Adj. R²	0.050		0.071		0.034		0.043	
F	10.428***		13.170***		2.910***		3.177***	

注：*代表p<0.05，**代表p<0.01，***代表p<0.001；β代表标准化的回归系数，p代表显著性水平。

　　针对跟踪调查数据，我们采取相同的方法进行中介效应分析，结果发现本体安全感对居民恐惧感的影响也显著（$\beta = 0.165$，$p < 0.001$，模型5）。同时，恐惧感对居民健康消费的影响也显著（$\beta = 0.134$，$p < 0.01$，模型6）。以上分析说明，恐惧感在本体安全感对居民健康消费的影响中起中介作用。通过模型6可以看到，在恐惧感中介作用的基础上，本体安全感对居民健康消费影响的直接效应也显著（$\beta = 0.125$，$p < 0.05$）。

　　在经典的逐步回归方法的基础上，我们还采用了Bootstrap方法，使用Hayes（2013）所开发的Bootstrap程序进行中介效应分析（Model 4）。针对首批调查数据进行分析，我们得出如下结果（见表6-3）：本体安全感对居民健康消费影响的总效应显著（95%CI = 0.0145 ~ 0.0991），恐惧感的间接效应显著（95%CI = 0.0149 ~ 0.0360），直接效应不显著（95%CI = -0.0095 ~ 0.0746）。

　　针对跟踪调查数据进行分析，我们得出如下结果（见表6-3）：本体安全感对居民健康消费影响的总效应显著（95%CI = 0.0348 ~ 0.1734），恐惧感的间接效应显著（95%CI = 0.0035 ~ 0.0377），直接效应显著（95%CI = 0.0188 ~ 0.1581）。以上数据说明Bootstrap分析的结果复制了逐步回归的结论。

表6-3　本体安全感对居民健康消费影响的 Bootstrap 中介效应分析

数据来源	效应结果		SE	LLCI	ULCI
首批调查数据 （$N = 1548$）	Total Effect	0.0568	0.0216	0.0145	0.0991
	Direct Effect	0.0325	0.0214	-0.0095	0.0746
	Indirect Effect	0.0242	0.0054	0.0149	0.0360
跟踪调查数据 （$N = 466$）	Total Effect	0.1041	0.0352	0.0348	0.1734
	Direct Effect	0.0885	0.0354	0.0188	0.1581
	Indirect Effect	0.0156	0.0084	0.0035	0.0377

　　注：Total Effect 代表总效应，Direct Effect 代表直接效应，Indirect Effect 代表间接效应，以上效应均为非标准化的系数值；SE 代表标准误，LLCI 代表95%置信区间下限值，ULCI 代表95%置信区间上限值，这两个值构成的区间不包含0代表该效应的 Bootstrap 分析结果显著。

（三）自尊为调节变量的有调节的中介效应模型

　　我们首先用经典的逐步回归方法进行有调节的中介效应分析。在分析之前，我们将自尊的平均分和恐惧感的平均分进行了中心化处理，由于本体安全感是以 0 为平均数的标准化分数，因此不需要进行中心化处理。基于中心化的数据我们分别构造了交互项"本体安全感×自尊"和"恐惧感×自尊"。

首先，针对首批调查数据，我们通过表 6-4 的模型 7 和模型 8 采用经典的逐步回归方法对有调节的中介效应模型进行分析。在第一步中，我们分析了本体安全感对居民恐惧感的影响，结果发现有调节的中介效应模型的前半段路径显著（$\beta = 0.157$，$p < 0.001$，模型 7）。在第二步中，我们分析了调节变量对中介效应模型后半段路径和直接效应的调节作用，结果发现"恐惧感×自尊"对健康消费的影响显著（$\beta = -0.113$，$p < 0.001$，模型 8）。这说明自尊负向调节了恐惧感对居民健康消费的影响，即恐惧感对低自尊居民的健康消费的影响要大于对高自尊居民的影响，自尊对恐惧感中介效应模型后半段路径的调节作用显著。"本体安全感×自尊"对健康消费的影响不显著（$\beta = 0.005$，$p > 0.05$，模型 8）。这说明自尊对直接效应的调节作用不显著。以上数据分析说明，本章所假设的有调节的中介效应模型成立。

其次，针对跟踪调查数据，我们通过表 6-4 的模型 9 和模型 10 采用相同的方法对有调节的中介效应模型进行分析，结果发现有调节的中介效应模型的前半段路径显著（$\beta = 0.165$，$p < 0.001$，模型 9），中介效应模型后半段路径"恐惧感×自尊"对健康消费的影响显著（$\beta = -0.115$，$p < 0.05$，模型 10）。这说明自尊负向调节了恐惧感对居民健康消费的影响，即恐惧感对低自尊居民的健康消费的影响要大于对高自尊居民的影响，自尊对恐惧感中介效应模型后半段路径的调节作用显著。"本体安全感×自尊"对健康消费的影响不显著（$\beta = -0.041$，$p > 0.05$，模型 10）。这说明自尊对直接效应的调节作用不显著。以上数据分析说明，本章所假设的有调节的中介效应模型在跟踪调查数据中也成立。

为了进一步检验有调节的中介效应模型，我们采用了 Bootstrap 方法，使用 Hayes（2013）所开发的 Bootstrap 程序进行调节效应分析（Model 15）。首先，对首批调查数据进行分析，表 6-5 呈现的是间接效应的简单斜率分析的结果。我们可以看到当自尊低于平均数一个标准差、为平均数和高于

表6-4 自尊为调节变量的有调节的中介效应分析

数据来源	首批调查数据（N=1548）				跟踪调查数据（N=466）			
模型	模型7		模型8		模型9		模型10	
因变量	恐惧感		健康消费		恐惧感		健康消费	
统计量	β	p	β	p	β	p	β	p
控制变量								
性别（女=0）	-0.150***	0.000	0.013	0.620	0.001	0.986	0.056	0.247
年龄	-0.007	0.830	-0.014	0.630	0.017	0.740	0.025	0.614
个人平均月收入	0.013	0.724	0.012	0.739	-0.121	0.068	0.021	0.748
家庭平均月收入	0.021	0.553	0.063	0.065	-0.122*	0.050	0.039	0.521
个人平均月花销	0.014	0.701	0.012	0.749	0.104	0.114	0.029	0.651
家庭平均月花销	0.021	0.598	0.055	0.163	0.037	0.594	0.020	0.770
受教育程度	0.055*	0.045	0.017	0.518	0.022	0.666	0.024	0.632
中介变量								
恐惧感			0.226***	0.000			0.141**	0.003
自变量								
本体安全感	0.157***	0.000	0.037	0.166	0.165***	0.001	0.110*	0.027
调节变量								
自尊			0.155***	0.000			0.173***	0.000

续表

数据来源	首批调查数据（N=1548）				跟踪调查数据（N=466）			
模型	模型 7		模型 8		模型 9		模型 10	
因变量	恐惧感		健康消费		恐惧感		健康消费	
统计量	β	p	β	p	β	p	β	p
交互项								
本体安全感×自尊			0.005	0.854			-0.041	0.390
恐惧感×自尊			-0.113***	0.000			-0.115*	0.014
方程指标								
R^2	0.056		0.111		0.052		0.108	
Adj. R^2	0.050		0.104		0.034		0.082	
F	10.428***		14.725***		2.910**		4.222***	

注：* 代表 $p<0.05$，** 代表 $p<0.01$，*** 代表 $p<0.001$；β 代表标准化的回归系数，p 代表显著性水平。

平均数一个标准差时，间接效应均显著（95%CI 的上下限值不包含 0）。但是当自尊低于平均数一个标准差时的间接效应（Effect = 0.0417）要大于自尊为平均数时的间接效应（Effect = 0.0284），并且大于自尊高于平均数一个标准差时的间接效应（Effect = 0.0152）。

表 6-5　间接效应的简单斜率分析（首批调查数据）

自尊	Value	Effect	SE	LLCI	ULCI
−SD	3.1072	0.0417	0.0088	0.0262	0.0609
Mean	3.7427	0.0284	0.0059	0.0180	0.0415
+SD	4.3781	0.0152	0.0054	0.0056	0.0271

注：Value 代表调节变量"自尊"的取值，Effect 代表自变量本体安全感对因变量健康消费的间接效应的非标准化值；SE 代表标准误，LLCI 代表 95%置信区间下限值，ULCI 代表 95%置信区间上限值，这两个值构成的区间不包含 0 代表该效应的 Bootstrap 分析结果显著。

表 6-6 呈现的是直接效应的简单斜率分析的结果。我们可以看到当自尊低于平均数一个标准差、为平均数和高于平均数一个标准差时，直接效应均不显著（95%CI 的上下限值包含 0）。以上数据再次验证了我们所提出的有调节的中介效应模型成立。

表 6-6　直接效应的简单斜率分析（首批调查数据）

自尊	Value	Effect	SE	t	p	LLCI	ULCI
−SD	3.1072	0.0254	0.0294	0.8663	0.3865	−0.0322	0.0831
Mean	3.7427	0.0291	0.0211	1.3830	0.1669	−0.0122	0.0704
+SD	4.3781	0.0328	0.0287	1.1431	0.2532	−0.0235	0.0891

注：Value 代表调节变量"自尊"的取值，Effect 代表自变量本体安全感对因变量健康消费的直接效应的非标准化值；SE 代表标准误，LLCI 代表 95%置信区间下限值，ULCI 代表 95%置信区间上限值，这两个值构成的区间不包含 0 代表该效应的 Bootstrap 分析结果显著。

其次，我们采取相同的方法对跟踪调查数据进行分析，表 6-7 呈现的是间接效应的简单斜率分析的结果。我们可以看到当自尊低于平均数一个标准差和为平均数时，间接效应均显著（95%CI 的上下限值不包含 0），但是当自尊低于平均数一个标准差时的间接效应（Effect = 0.0292）要大于自尊为平均数时的间接效应（Effect = 0.0166），当自尊高于平均数一个标准差时的间接效应不显著（95%CI = -0.0138~0.0253）。

表 6-7　间接效应的简单斜率分析（跟踪调查数据）

自尊	Value	Effect	SE	LLCI	ULCI
-SD	3.3385	0.0292	0.0124	0.0103	0.0594
Mean	3.8887	0.0166	0.0085	0.0038	0.0372
+SD	4.4388	0.0041	0.0096	-0.0138	0.0253

注：Value 代表调节变量"自尊"的取值，Effect 代表自变量本体安全感对因变量健康消费的间接效应的非标准化值；SE 代表标准误，LLCI 代表 95% 置信区间下限值，ULCI 代表 95% 置信区间上限值，这两个值构成的区间不包含 0 代表该效应的 Bootstrap 分析结果显著。

表 6-8 呈现的是直接效应的简单斜率分析的结果。我们可以看到当自尊低于平均数一个标准差和为平均数时，直接效应均显著（95%CI 的上下限值不包含 0），当自尊高于平均数一个标准差时的直接效应不显著（95%CI = -0.0538~0.1519）。以上数据再次验证了本章所提出的有调节的中介效应模型成立。

表 6-8　直接效应的简单斜率分析（跟踪调查数据）

自尊	Value	Effect	SE	t	p	LLCI	ULCI
-SD	3.3385	0.1076	0.0452	2.3811	0.0177	0.0188	0.1965
Mean	3.8887	0.0783	0.0351	2.2314	0.0262	0.0093	0.1473
+SD	4.4388	0.0490	0.0523	0.9369	0.3493	-0.0538	0.1519

注：Value 代表调节变量"自尊"的取值，Effect 代表自变量本体安全感对因变量健康消费的直接效应的非标准化值；SE 代表标准误，LLCI 代表 95% 置信区间下限值，ULCI 代表 95% 置信区间上限值，这两个值构成的区间不包含 0 代表该效应的 Bootstrap 分析结果显著。

三　研究结论

本章基于恐惧管理理论分析了本体安全感对居民健康消费的影响及其心理机制，并得出以下结论。本体安全感威胁提高了居民的健康消费意愿，并且这种影响是长期的，不仅本体安全感威胁事件爆发期居民的健康消费意愿被提高，这种影响还会持续到本体安全感威胁事件的恢复期。在本体安全感威胁对居民健康消费意愿的影响过程中，恐惧感起中介作用，即本体安全感威胁会提升居民的恐惧感，进而提高他们的健康消费意愿。自尊在恐惧感对健康消费意愿的影响中起调节作用，相比高自尊的个体，恐惧感对低自尊个体的健康消费意愿的影响要更大。

第七章
本体安全感与居民体验消费

第一节 本体安全感与居民体验消费研究的文献述评

一 体验消费的定义

体验消费与实物消费在营销学领域中经常以成对的概念存在，最早由 Van Boven 和 Gilovich（2003）提出。他们把消费目的作为体验消费与实物消费的划分依据。实物消费是指人们为获得一件物质商品而进行的消费行为。例如，人们对电视、衣服、食品等有形商品的购买行为。体验消费是指人们为获得某种生活体验而进行的消费行为。例如，人们旅游、外出吃饭、去游乐场等进行的消费行为。

随着人们生活水平的提高，消费已经成为人们参与社会生活并提升幸福感的一种重要方式。然而，当人们的基本需求得到满足后，实物消费所花的钱却无法为人们带来更大的快乐（Aknin et al.，2009；Kahneman and Deaton，2010）。早期关于消费与幸福感的研究认为，工业社会的人们虽然通过实物消费换来了短期的快乐与舒适，却创造了无快乐的经济（Scitovsky，1992）。也有研究表明，工业社会忽视了人的存在感，进而阻止个人的自我实现（Fromm，1976）。因此，实物消费已经无法满足消费者对幸福感的追求。在此背景下，一些研究者逐渐把研究方向转向另外一个消费领域——体验消费。

体验消费的研究文献中，对于体验消费与实物消费的概念多数采用了 Van Boven 和 Gilovich（2003）所提出的定义（Nicolao et al.，2009；Kumar and Gilovich，2015）。然而，体验消费与实物消费作为成对概念，两者之间不仅没有明确的划分界限，还具有一定的交叉性。人们的日常消费中，很多商品既属于有形产品，可以为人们占有和使用，同时也具有体验成分。例如，电视一方面可以作为有形物品被长期保存和使用；另一方面它也为人们带来了强烈的感官刺激，成为消费者体验生活的一种方式。为此，体验消费的定义受到很多学者的质疑（Schmitt et al.，2015）。现在的消费者行为学中提倡企业产品设计时为消费者营造良好的体验以增加产品价值。因此，体验消费与实物消费概念的模糊性也为体验消费的进一步研究带来挑战。不过，相对乐观的是，在已有的实证研究中，研究者发现被试根据概念正确区分实物消费和体验消费时并没有困难（Van Boven and Gilovich，2003）。Van Boven 和 Gilovich（2003）在研究中将被试列出的体验消费物品和实物消费物品交给其他人员，要求他们根据李克特5级量表对这些物品进行评价和分类，结果表明其他人员可以很好地将两种消费类型区分开来。

实物消费的概念与物质主义消费的概念经常被人们混淆。实物消费是指以占有和使用为目的的购物形式。而物质主义消费是指那些以向他人或自己展现身份或地位为目的的消费形式。物质主义消费可以是实物消费，也可以是体验消费。然而，相比于体验消费，实物消费更容易被看成物质主义消费，原因在于物质是有形物品，更容易凸显一个人的地位和财富。不过不同的是，实物消费偏重于获得商品的实际效用，而物质主义消费则偏重于通过外显的物质商品实现彰显自身财富和地位的目的。

在体验经济中，消费体验在为产品创造新的价值方面起到重要作用。因此，消费体验的概念也经常在消费者行为学中被提到。然而，体验消费与消费体验两者之间既有联系，也有区别。消费体验的研究始于对功能型消费和体验型消费的区分（晏国祥，2006）。功能型消费是关注商品属性和功能的消费模式；而体验型消费是以消费品为载体，关注消费过程中的价值体验，即消费者感情、幻想以及娱乐的心理体验成分。根据 Holbrook（2000）提出的4Es观点，体验型消费可以分为体验、娱乐、表现欲和传递快乐四个维度。通过体验型消费维度，我们发现，消费体验中的体验型消费与本书提到的体验消费都有体验与快乐的属性，两者之间存在一定的联系。然而，本书所提到的体验消费与实物消费作为成对概念，更加关注于获得生活体验的目的。

二 体验消费的性质及其对消费者的影响

已有研究发现，相对于实物消费，体验消费具有很多独特的性质，这些独特的性质又会对消费者产生独特的影响。下面我们将对这些性质和影响进行简要梳理。

（一）体验消费对消费者幸福感的影响

体验消费比实物消费更能增强消费者的幸福感已经成为体验消费研究领域的主流观点。Van Boven 和 Gilovich（2003）通过实验研究的方式发现，无论是通过想象购物还是回忆购物的实验操纵法，体验消费都比实物消费为人们带来更多的快乐。针对以上发现，后续研究者从不同角度对体验消费所带来幸福感的问题进行了细化研究。例如，已有研究发现，从消费时间上，延迟消费会比即时消费更能增强消费者体验消费的幸福感（Kumar and Gilovich，2016）；从消费决策上，采用满意策略和直觉信息加工方式比采用最大化策略和理性信息加工方式更能增强消费者体验消费的幸福感（Carter and Gilovich，2010）；从消费群体上，与他人分享体验消费比单独进行体验消费更能增强消费者体验消费的幸福感（Caprariello and Reis，2013）。

当然，体验消费增强消费者幸福感的观点也受到了一些学者的质疑。Schmitt 等（2015）认为，体验不是商品，无法购买。即使体验可以购买，体验获得的快乐也与购物无关，而是源于与此相关的事件，如社交等。另外，研究发现，体验消费所带来的瞬间幸福感的强度高于实物消费，导致人们误以为体验消费比实物消费的幸福感更强（Dunn and Weidman，2015）。Dunn 和 Weidman（2015）在真实购物情境中进行研究发现，体验消费在个别场合下所带来的瞬间幸福感更强烈，而实物消费带来的瞬间幸福感频率更高。因此，体验消费比实物消费获得更多幸福感的观点具有片面性。根据消费时间进行分类，消费幸福感可具体分为消费前的预期幸福感、消费中的瞬间幸福感和消费后的回溯幸福感。已有研究发现，体验消费的回溯幸福感更强（Carter and Gilovich，2010，2012），原因在于消费后的回溯幸福感主要通过瞬间幸福感的强度进行预测。因此，有研究者认为通过回忆过去购物经历来报告当前幸福感的实验方式导致实验结果存在一定偏差。

（二）体验消费与消费者自我的关系

已有研究认为相比实物消费，体验消费与消费者自我之间的关系更为密切。自我被社会认知心理学家定义为一种记忆结构（Kihlstrom et al.，2003），同时情景记忆在自我的组成中起到重要作用（Klein，2001）。Klein（2001）认为情景记忆是各种经历的一手记忆，是对自我评估的原材料。体验消费作为获得生活经历的一种方式，一旦被消费，与体验消费相关的经历自然会存储于情景记忆中，并成为自我的一部分。因此，体验消费是个体获得自我身份认同的一种方式，与自我密不可分。相比之下，实物消费获得的是一种有形产品与财产，属于身外之物，很容易被其他类似产品所替代，与自我的关系不大。

正是由于体验消费与自我之间的密切关系，体验消费才会提升消费者的幸福感和满意度（Carter and Gilovich，2012）。体验一旦被消费就会成为自我经历的一部分，因此对一个人的体验经历进行评估实际上就是对自我的评价。根据自我服务偏差理论，面对愉悦的体验消费时，自我会保持甚至夸大这种幸福感；而面对令人失望和不愉快的体验消费时，人们为了维持积极的自我形象，会对该经历呈现乐观看法。尤其随着时间的流逝，人们甚至会在记忆中以积极的方式重新解读和修订不愉快的体验。因此，人们会从体验消费中获得更多的幸福感和更高的满意度。

（三）体验消费对消费者社交关系的影响

首先，体验消费在消费过程中会存在消费者与他人之间的社会互动，如看电影、聚餐等。因此，体验消费本质上具有社交性。体验消费的社交性可以对消费者的社交关系产生积极影响。原因在于，与谈论实物消费相比，体验消费的话题可以维持自己在他人眼中的积极形象，进而促进与他人建立良好社交关系。因此，与实物消费相比，人们更期待体验消费（Kumar et al.，2014）。另有研究表明，人们倾向于选择立刻进行实物消费，而延迟进行体验消费（Kumar and Gilovich，2015）。延迟体验消费的原因之一就在于体验消费作为谈资的价值。

其次，由于在体验消费过程中消费者常与他人共同活动、一起分享，这可以满足消费者的归属需求（Howell and Hill，2009）。归属需求的获得实际上就是积极社交关系的一种体现。在体验消费后的重述过程中存在一种"乐观偏向"的现象，也就是说，体验消费时开心的事件会在重述时变得更开心，而不开心的事件在人们的重述过程中会逐渐淡化甚至变成积极的一面（Mitchell et al.，1997）。这种积极的重述方式不仅可以提升消费者本身的幸福感，也可以提升社交对象的积极情绪，进而维持消费者与他人的良好社交关系。

最后，消费者与他人建立并巩固社交关系的一种重要方式就是赠送礼物。有研究表明，与赠送实物性礼物相比，赠送体验性礼物可以促进消费者与他人之间更强的社交关系。原因在于，对于礼物接收者而言，体验性礼物在消费过程中比实物性礼物会产生更多情感（Chan and Mogilner，2017）。这种情感可以减少人们之间的感知心理距离（Van Boven et al.，2010），从而加强送礼者与收礼者之间的社交关系。

（四）体验消费与消费者购买决策的关系

已有研究发现，消费者针对不同的购物类型会选择使用不同的购买决策。根据人类信息加工双系统模型理论，人们在消费决策时可以采用直觉系统模型和理性系统模型两种方式。直觉系统模型以快速、省力、自动化方式进行决策，以信息整体加工为主要特征；而理性系统模型以慢速、费力、仔细思考方式进行决策，以信息模块化加工为主要特征。已有研究发现，实物消费倾向于以理性方式进行决策而体验消费倾向于以直觉方式进行决策（Gallo et al.，2017）。Gallo 等（2017）认为，消费者对体验消费与实物消费使用不同购买决策的原因主要在于三个方面："对比商品特征的难易程度"、"决策时可考虑的维度数量"以及"与自我的密切程度"。在人们选择错误方式进行决策后，消费者会感觉更加后悔。具体来说，实物消费商品的特征更容易被分离出来，进行不同特征之间的对比，如不同类型电视的尺寸、分辨率、价格等。而体验消费的成分很难分离和对比。另外，影响体验消费满意度的评价维度过多，且根据情景变化，在购买时无法准确预测。例如，去海滩度假游玩时候的天气情况、海滩拥挤程度、旅游季节、当地人的友好程度等都会对游玩满意度产生影响。体验消费所带来的人生体验会成为自我概念的重要组成部分（Carter and Gilovich，2010，2012），人们很难将体验进行交换和对比，因此决策时倾向于选择直觉系统模型。

最大化策略和满意策略也是消费者常使用的购买决策方式。最大化策略是消费者购物时考虑尽可能多的选项并进行对比而做出的消费选择。满意策略是消费者购物时只要达到自己所设定的最低标准即可做出选择的消费方式（Carter and Gilovich，2010）。Carter 和 Gilovich（2010）研究发现，实物消费倾向于以最大化策略进行决策，而体验消费倾向于以满意策略进行决策。虽然最大化策略可以使消费者获得最好的结果，但是这个策略太占用时间，与消极的心理结果相关（Schwartz et al.，2002），这会直接影响消费者的购物体验并降低消费者满意度。另外，购物时大量选择会增加消费者的决策压力、降低消费者的满意度（Schwartz，2004）。这也是体验消费比实物消费获得更高购物满意度和更多幸福感的重要原因。

三　体验消费的影响因素

（一）消费者财务约束对体验消费的影响

已有研究发现，消费者的财务约束会降低他们对体验消费的偏好，这是由于受到财务约束的消费者更加关注商品的持久性效用（Tully et al.，2015）。由于体验消费本身具有不可保存性，而实物消费的保存时间、使用效用更长，因此受到财务约束的消费者在权衡体验消费与实物消费时，更倾向于选择实物消费。由于前人对体验消费与幸福感的相关研究是基于"如何用可自由支配的钱来最大化消费者幸福感"而进行的（Van Boven and

Gilovich，2003)，因此财务约束对体验消费影响的结论与体验消费比实物消费更具幸福感的研究前提并不冲突。

（二）消费者社会阶层对体验消费的影响

消费者的社会阶层也会对他们的体验消费偏好产生重要影响。具体来说，高社会阶层消费者比低社会阶层消费者更倾向于体验消费。首先，高社会阶层消费者在财务状况等物质资源方面会优越于低社会阶层消费者，这会导致高社会阶层消费者对实物消费的需求下降。其次，高社会阶层消费者的教育背景也会强于低社会阶层消费者，因此他们更渴望满足高层次的心理需求，如情感和归属需求、自我表达需求等。而体验消费与自我关系密切（Carter and Gilovich，2012)，并且体验消费本质上具有社交性（Caprariello and Reis，2013)，这可以满足消费者自我表达需求、增加消费者的人际需求和归属感。已有研究表明，由于体验消费可以满足高社会阶层消费者的自我发展和自我表达需求，因此，与低社会阶层消费者相比，高社会阶层消费者更倾向于体验消费并且从体验消费中获得更多幸福感（Lee et al.，2018)。另外，Van Boven 和 Gilovich（2003)、Thomas 和 Millar（2013）在研究中也发现了这种社会阶层对体验消费幸福感的影响。

（三）消费效价对体验消费的影响

消费者在消费过程中可能出现积极消费体验，也可能出现消极消费体验。不同的消费效价对消费者幸福感具有不同的影响。研究表明，当购物为积极体验时，与实物消费相比，消费者从体验消费中获得更多幸福感。当购物为消极体验时，与实物消费相比，消费者不仅无法获得更多幸福感，甚至比实物消费获得更少的快乐（Nicolao et al.，2009)。Nicolao 等（2009）认为，与实物消费相比，消费者对体验消费的适应性更慢，进而导致体验消费在积极效价下获得更多幸福感，在消极效价下获得更少幸福感。

四　当前体验消费研究的局限性

体验消费作为一种新兴研究方向，已经在体验消费与消费者自我关系、体验消费与消费者购买决策关系和消费者特征对体验消费影响等多个视角上得到了关注。然而，该领域的研究还不成熟，存在很多值得进一步研究和探索的空间。

　　首先，体验消费与幸福感关系研究的前提应该更加明确。体验消费与幸福感的关系研究是近几年体验消费研究的主流方向。大量研究发现，体验消费比实物消费能让消费者获得更多的幸福感（Van Boven and Gilovich，2003；Bastos and Brucks，2017；Caprariello and Reis，2013）；然而也有少数研究得出了不一致的结论，例如财务约束可以导致体验消费幸福感下降（Tully et al.，2015）、社会阶层也会影响体验消费的幸福感（Lee et al.，2018）等。本书认为，得出以上相反结论的原因在于很多研究中忽视了一个研究前提：人们的基本生活需求是否得到满足。Van Boven 和 Gilovich（2003）的实验材料是询问被试"如何通过支配额外的收入来增加生活幸福感"，也就是说，该研究是在人们满足基本生活需求基础上探讨如何通过消费增加幸福感。不过，研究中并没有明确给出满足基本生活需求的标准，这直接导致后续很多研究忽视了这个基本研究前提，甚至得出相反的研究结果。因此，后续研究中有必要加入人们对自我生活需求满足程度的客观指标和主观感受的测量，以使得验证性研究更容易进行，也使得研究结果更令人信服。

　　其次，体验消费与幸福感研究的测量方式缺乏多样性。消费幸福感包括期待消费的兴奋感（预期幸福感）、消费期间的幸福感（瞬间幸福感）和回忆消费时的满足感（回溯幸福感）。然而现在多数研究仅测量消费的回溯幸福感，缺乏对预期幸福感和瞬间幸福感的测量。Dunn 和 Weidman（2015）通过研究 55 篇相关文章发现，只有 5% 检验了预期幸福感，4% 检验了瞬间幸福感。因此，后续研究中增加预期幸福感和瞬间幸福感的测量是非常有必要的。

　　再次，体验消费的情境性研究应该得到进一步推广。现存实证研究中的实验是以想象或回忆购物为主，但是这不等同于真实购物情境。Dunn 和 Weidman（2015）发现，在体验消费的研究领域中有 38% 的研究让人们想象对假想购物的感受。由于人们在预测自己未来情感时会出现系统错误，因此在用此方法时需谨慎。另外，人的记忆本身存在不稳定性，因此回忆购物方式所测得的情绪和感受会存在一定的偏差。因此，真实购物情境下对体验消费的研究应该受到研究者的关注与重视。

最后，体验消费的研究范畴需进一步扩大。针对体验消费的研究可以从消费者层面、市场层面和社会层面进行探索。然而，现阶段体验消费的研究主要从消费者层面展开。例如，体验消费与消费者心理和行为的关系、对消费者体验消费的影响因素等。然而，营销情境下的体验消费与社会背景下的体验消费依然没有得到关注。因此，扩大体验消费研究范畴可以打开体验消费新的探索空间。

第二节　本体安全感对居民体验消费影响的理论分析

一　归属需求在本体安全感对居民体验消费影响中的积极作用

笔者认为归属需求会在本体安全感对居民体验消费的影响中起到积极的作用。这是由于寻求人际归属是个体获取资源应对外在威胁的一种重要手段，因此当个体在面临本体安全感威胁所产生的恐惧、不安等心理时，他们会倾向于通过寻求人际的亲密关系和群体的庇护以提高自身安全感 （Mikulincer et al.，2003），从而产生归属需求。研究发现，当个体产生归属需求时，他们会表现出更多的试图建立人际联结的行为 （Lakin et al.，2003）。由于体验消费相比实物消费往往由很多人一起完成，具有较强的社会交往属性，更能满足个体的归属需求 （Caprariello and Reis，2013），因此，归属需求会提升他们的体验消费意愿。基于此，我们提出以下假设。

H1：归属需求在本体安全感对居民体验消费的影响中起正向中介作用。

二　风险感知在本体安全感对居民体验消费影响中的消极作用

笔者认为本体安全感威胁不仅会促进居民的归属需求，还会提升他们的风险感知，并且这种风险感知会对居民的体验消费起到消极作用。这是由于居民的风险感知水平随着灾害事件严重程度的提升而提高，并且距离灾害事件越近的人风险感知水平越高（时勘等，2003；Burns and Slovic，2012）。因此，受本体安全感威胁地区的居民会比其他地区的居民拥有更高的风险感知水平。基于风险感知理论，当居民感知到风险时，他们会主动通过各种行为来降低这种风险（Sheeran et al.，2014）。体验消费的重要特征便是多人参与的社交性和消费场所的公共性，为了降低风险，居民会主动规避体验消费，进而表现出体验消费意愿的降低。基于以上逻辑，我们提出以下假设。

H2：风险感知在本体安全感对居民体验消费的影响中起负向中介作用。

第三节　本体安全感对居民体验消费影响的实证检验

一　统计分析流程

为了对前文假设展开研究，本节遵循以下统计分析流程。

首先，我们采用多元回归的方法，在控制变量的条件下，分别分析首批调查数据和跟踪调查数据中自变量"本体安全感"对因变量"体验消费"的影响。

其次，我们采用经典的逐步回归方法，在控制变量的条件下，分别利用首批调查数据和跟踪调查数据分析"归属需求"和"风险感知"在本体安全感对体验消费影响中的中介作用，并且采用 Bootstrap 方法对逐步回归的结果进行进一步验证。

二　统计分析结果

（一）本体安全感对居民体验消费影响的总效应分析

为了验证本体安全感对居民体验消费影响的总效应，我们将"本体安全感"作为自变量，以样本的"性别"、"年龄"、"个人平均月收入"、"家庭平均月收入"、"个人平均月花销"、"家庭平均月花销"和"受教育程度"为控制变量，分析它们对因变量"体验消费"的影响。

通过表7-1的统计结果发现：本体安全感对居民体验消费的短期影响不显著（$\beta = -0.011$，p>0.05，模型1），对居民体验消费的长期影响显著（$\beta = 0.141$，p<0.01，模型2）。这说明本体安全感对居民短期体验消费意愿的效果是被遮掩的，在长期这种影响才逐步地释放出来。

表7-1　本体安全感对居民体验消费影响的回归分析（总效应检验）

数据来源	首批调查数据（$N = 1548$）		跟踪调查数据（$N = 466$）	
模型	模型1		模型2	
因变量	体验消费		体验消费	
统计量	β	p	β	p
控制变量				
性别（女=0）	-0.001	0.959	0.044	0.376
年龄	-0.054	0.078	0.031	0.535
个人平均月收入	-0.030	0.437	-0.074	0.257
家庭平均月收入	-0.024	0.503	-0.111	0.070
个人平均月花销	0.088 *	0.021	0.047	0.464
家庭平均月花销	0.055	0.182	0.234 ***	0.001
受教育程度	0.123 ***	0.000	0.006	0.899
自变量				
本体安全感	-0.011	0.697	0.141 **	0.004
方程指标				
R^2	0.034		0.076	
Adj. R^2	0.028		0.058	
F	6.162 ***		4.344 ***	

注：* 代表 p<0.05，** 代表 p<0.01，*** 代表 p<0.001；β 代表标准化的回归系数，p 代表显著性水平。

（二）本体安全感对居民体验消费影响的中介效应分析

针对首批调查数据，我们采用经典的逐步回归方法进行中介效应分析（见表7-2）。首先，在控制变量的条件下，做自变量本体安全感对中介变量"归属需求"的回归，结果发现本体安全感对居民的归属需求具有显著的正向影响（$\beta = 0.082$，p<0.01，模型3）。这说明遭受本体安全感威胁

表7-2 本体安全感对居民体验消费影响的中介效应分析

数据来源	首批调查数据（N=1548）									跟踪调查数据（N=466）								
模型	模型3		模型4		模型5					模型6		模型7		模型8				
因变量	归属需求		风险感知		体验消费					归属需求		风险感知		体验消费				
统计量	β	p	β	p	β	p				β	p	β	p	β	p			
控制变量																		
性别（女=0）	0.050	0.068	-0.052	0.058	-0.008	0.773				0.019	0.710	0.012	0.805	0.040	0.413			
年龄	-0.041	0.188	0.013	0.674	-0.051	0.097				-0.026	0.608	0.114*	0.026	0.033	0.505			
个人平均月收入	0.020	0.609	0.061	0.115	-0.027	0.483				-0.044	0.507	-0.049	0.464	-0.064	0.318			
家庭平均月收入	0.016	0.664	0.038	0.290	-0.022	0.531				-0.062	0.322	-0.113	0.073	-0.096	0.113			
个人平均月花销	-0.040	0.299	0.050	0.188	0.093*	0.014				0.069	0.294	0.123	0.063	0.030	0.635			
家庭平均月花销	0.022	0.595	-0.044	0.285	0.051	0.217				0.028	0.685	0.016	0.815	0.228***	0.001			
受教育程度	0.071*	0.011	-0.014	0.605	0.118***	0.000				-0.014	0.790	0.055	0.288	0.008	0.879			
中介变量																		
归属需求					0.059*	0.026								0.197***	0.000			
风险感知					-0.067*	0.011								0.028	0.543			
自变量																		
本体安全感	0.082**	0.003	0.091***	0.001	-0.009	0.735				0.194***	0.000	0.050	0.322	0.102*	0.038			
方程指标																		
R^2	0.019		0.022		0.041					0.050		0.032		0.114				
Adj. R^2	0.013		0.017		0.034					0.032		0.013		0.093				
F	3.383***		4.026***		6.086***					2.794**		1.727		5.428***				

注：*代表p<0.05，**代表p<0.01，***代表p<0.001；β代表标准化的回归系数，p代表显著性水平。

越严重的居民的归属需求越强。

其次，在控制变量的条件下，做自变量本体安全感对中介变量"风险感知"的回归，结果发现本体安全感对居民的风险感知具有显著的正向影响（$\beta = 0.091$，$p<0.001$，模型4）。这说明遭受本体安全感威胁越严重的居民的风险感知越强。

最后，在控制变量的条件下，做自变量本体安全感、中介变量归属需求和风险感知对因变量体验消费的回归，结果发现归属需求对居民的体验消费具有显著的正向影响（$\beta = 0.059$，$p<0.05$，模型5），说明归属需求越高的居民的体验消费意愿越强；而风险感知对居民的体验消费具有显著的负向影响（$\beta = -0.067$，$p<0.05$，模型5），说明风险感知越高的居民的体验消费意愿越弱。以上分析说明，归属需求在本体安全感对居民体验消费的影响中起正向的中介作用，即遭受本体安全感威胁的居民的归属需求越强，进而体验消费意愿也越强；但是，风险感知在本体安全感对居民体验消费的影响中起负向的中介作用，即遭受本体安全感威胁的居民的风险感知越强，进而体验消费意愿就越弱。以上归属需求的正向中介作用和风险感知的负向中介作用相互抵消，从而在总效应中形成了遮掩效应。通过模型5可以看到，在归属需求和风险感知中介作用的基础上，本体安全感对居民体验消费影响的直接效应不显著（$\beta = -0.009$，$p>0.05$）。这说明归属需求和风险感知的中介作用是完全中介作用，即归属需求和风险感知完全可以解释本体安全感对居民体验消费影响的遮掩效应。

针对跟踪调查数据，我们采用经典的逐步回归方法进行中介效应分析（见表7-2）。首先，在控制变量的条件下，做自变量本体安全感对中介变量"归属需求"的回归，结果发现本体安全感对居民的归属需求具有显著的正向影响（$\beta = 0.194$，$p<0.001$，模型6）。这说明长期遭受本体安全感威胁的居民的归属需求更强。

其次，在控制变量的条件下，做自变量本体安全感对中介变量"风险感知"的回归，结果发现本体安全感对居民的风险感知的影响不显著（$\beta = 0.050$，$p>0.05$，模型7）。这说明在本体安全感威胁恢复期居民的风险感知不再受本体安全感威胁的影响。

最后，在控制变量的条件下，做自变量本体安全感、中介变量归属需求和风险感知对因变量体验消费的回归，结果发现归属需求对居民的体验消费具有显著的正向影响（$\beta = 0.197$，p<0.001，模型8），说明归属需求越高的居民的体验消费意愿越强；而风险感知对居民的体验消费的影响不显著（$\beta = 0.028$，p>0.05，模型8），说明在本体安全感威胁恢复期风险感知已经不再影响他们的体验消费意愿。

在经典的逐步回归方法的基础上，我们还采用了 Bootstrap 方法，使用 Hayes（2013）所开发的 Bootstrap 程序进行中介效应分析（Model 4）。针对首批调查数据进行分析，我们得出如下结果（见表 7-3）：本体安全感对居民体验消费影响的总效应不显著（95%CI = -0.0923~0.0618），归属需求的间接效应显著（95%CI = 0.0006~0.0178），风险感知的间接效应显著（95%CI = -0.0202~-0.0020），直接效应不显著（95%CI = -0.0907~0.0640）。中介效应各路径系数分析见图 7-1。

表 7-3　本体安全感对居民体验消费影响的 Bootstrap 中介效应分析

数据来源	效应结果		SE	LLCI	ULCI
首批调查数据 （$N = 1548$）	Total Effect	-0.0153	0.0393	-0.0923	0.0618
	Direct Effect	-0.0133	0.0394	-0.0907	0.0640
	Indirect Effect（归属需求）	0.0070	0.0043	0.0006	0.0178
	Indirect Effect（风险感知）	-0.0089	0.0046	-0.0202	-0.0020
跟踪调查数据 （$N = 466$）	Total Effect	0.2133	0.0737	0.0684	0.3581
	Direct Effect	0.1534	0.0737	0.0086	0.2982
	Indirect Effect（归属需求）	0.0578	0.0216	0.0230	0.1112
	Indirect Effect（风险感知）	0.0021	0.0057	-0.0043	0.0219

注：Total Effect 代表总效应，Direct Effect 代表直接效应，Indirect Effect 代表间接效应，以上效应均为非标准化的系数值；SE 代表标准误，LLCI 代表 95% 置信区间下限值，ULCI 代表 95% 置信区间上限值，这两个值构成的区间不包含 0 代表该效应的 Bootstrap 分析结果显著。

针对跟踪调查数据进行分析，我们得出如下结果（见表 7-3）：本体安全感对居民体验消费影响的总效应显著（95%CI = 0.0684~0.3581），归属需求的间接效应显著（95%CI = 0.0230~0.1112），风险感知的间接效应不显著（95% CI = −0.0043 ~ 0.0219），直接效应显著（95% CI = 0.0086 ~ 0.2982）。中介效应各路径系数分析见图7-2。

以上数据说明，Bootstrap分析的结果复制了逐步回归的结论。

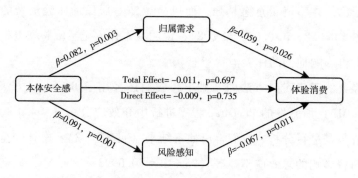

图7-1　本体安全感对居民体验消费影响的中介效应路径（首批调查数据）

注：图中系数和Total Effect与Direct Effect均为标准化的系数值。

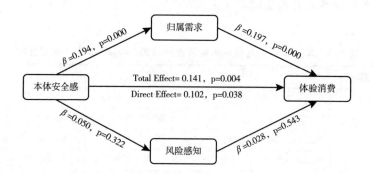

图7-2　本体安全感对居民体验消费影响的中介效应路径（跟踪调查数据）

注：图中系数和Total Effect与Direct Effect均为标准化的系数值。

三　研究结论

本章探究了本体安全感对居民体验消费的影响及其心理机制，并得出以下结论。本体安全感对居民体验消费的影响是双重路径的，并且在本体安全感威胁事件的爆发期和恢复期呈现出差异。在本体安全感威胁事件的爆发期，本体安全感一方面提高了居民的归属需求，进而增强他们的体验消费意愿；另一方面提升了居民的风险感知，进而降低了他们的体验消费意愿。在这两个路径的作用下，本体安全感对居民体验消费的影响会呈现出遮掩效应。在本体安全感威胁事件的恢复期，居民风险感知路径的作用会消失，进而本体安全感对居民体验消费的影响会呈现出正向作用。

第八章
本体安全感与居民仪式感消费

仪式感消费是指消费者为了获得消费过程中的仪式元素或者受到仪式元素的激发而产生的消费行为。也就是说，消费者为了体验消费中的仪式感或者因为仪式感的触动会进行消费，这就为商家创造了更多的营销手段。商家的现实需求和对仪式感消费的认可也促使研究者对其产生研究兴趣并且成为消费领域新的研究方向。然而已有研究主要关注在营销过程中融入仪式元素会对消费者产生何种影响，对于何种因素会促进个体仪式感消费的问题则缺乏探究。笔者认为，本体安全感威胁是一个促进消费者仪式感消费的重要变量。这是由于，在漫长的进化过程中，仪式本身就是人类经常用来应对自然灾难和生活不确定性的重要方式。即使是在现代社会，人们也会经常通过仪式化的行为来应对突发事件和环境改变所带来的不确定性。将本体安全感威胁作为仪式感消费的前因变量展开研究，不仅有助于从影响因素的视角拓展仪式感消费的研究问题和研究领域，而且有助于本体安全感威胁和仪式感消费这两个消费者行为学前沿领域的融合。因此，在本章我们将首先对仪式感消费的相关内容进行文献述评，然后对本体安全感如何影响居民仪式感消费的逻辑进行理论分析，最后简要地阐释一下对该问题的研究思路。

第一节　本体安全感与居民仪式感消费研究的文献述评

一　仪式感消费的内涵

要想理解仪式感消费的概念，首先要理解什么是仪式。仪式（Ritual）可以被定义为一系列正式的、具有可重复模式和象征性的、表达价值和意义的活动（冉雅璇等，2018）。我们的日常生活中充满着各种仪式，既包括大型的宗教仪式、文化仪式，也包括个人举办的具有纪念意义的各种仪式（如生日仪式、毕业仪式等），还包括我们日常生活中所表现出来的仪式化行为（如餐前仪式、睡前仪式等）。

已有研究者认为仪式具有如下特征（冉雅璇，2019）。首先，仪式由多个流程性的动作组成。例如，生日仪式往往涉及点蜡烛、许愿、吹蜡烛等流程和行为，宗教仪式往往需要遵循一定的流程和行为规范。那些没有固定规范和不可重复的随意行为不能称为仪式。其次，仪式具有象征意义，这种象征意义使得仪式具有某些超越其行为本身的意义。例如，婚礼上交换戒指的仪式象征着双方彼此的承诺，而不仅是交换物品本身。最后，仪式的行为需要是一种非功能性的行为。例如，运动员在比赛之前会进行一系列的热身运动，虽然这些动作具有可重复的模式，但是由于其主要功能是避免运动损伤，因此不能称之为仪式。但是，如果运动员在比赛之前通过一些动作来祈祷，以期获得幸运或者给团队打气，那么这些行为便具有象征意义，而不是执行具体的功能，这样的行为就可以称为仪式。

仪式和消费之间存在着紧密的关系，这种关系主要表现在以下两个方面。首先，仪式行为完成的过程中往往伴随着大量的消费，甚至很多消费行为本身就是为了获得仪式感。例如，婚礼仪式、生日仪式、成人仪式都是消费者为了获得仪式感而开展的活动，其中往往伴随着大量的消费支出，甚至获得仪式感本身已经是个体消费某些产品和服务的重要动机。"生活要有仪式感"已经成为当代很多年轻人的追求，并且在这种追求的促进下，个体表现出了强烈的消费动力。其次，给消费者创造仪式感已经成为很多商家重要的营销策略之一。基于消费者获得仪式感的需求，很多商家推出了各种增强仪式感的产品和服务（例如，与婚礼仪式相关的系列产品和服务），或抓住消费者生活中具有仪式感的时刻来进行促销（例如，借助节日的契机来营销仪式感）。除此之外，还有很多商家为了提升消费者的用户忠诚度，在营销和服务的过程中融入了很多具有仪式感的元素（薛海波，2015）。例如，购车的时候很多商家会给消费者举办提车仪式，某些商家会通过给客户举办生日仪式或结婚纪念日仪式等增值服务来增强客户黏性等。由此可见，仪式不仅是消费者直接消费的对象，而且仪式感还是提升用户体验和消费热情的重要元素。在此背景下，本书将仪式感消费定义为：消费者为了获得消费过程中的仪式元素或者受到仪式元素的激发而产生的消费行为。

二　仪式感消费的相关概念辨析

（一）狭义与广义的仪式感消费辨析

尽管我们提出了自己的仪式感消费的概念，但是在消费者行为学中有学者在狭义的层面也使用过相似的概念，下面我们将通过概念的辨析来进一步阐释本书所研究的仪式感消费的内涵。Wang 等（2021）在 *Journal of Marketing Research* 上发表的文章中首次在营销学领域使用了 Ritualistic Consumption 的概念。但是，为了保障研究的聚焦性，他们将其研究的对象定义在了更微观的范畴之内。他们将仪式感消费狭义地定义为被营销者和消费者创造的，由一系列正式的、严格的、重复的、具有意义感的步骤所组成的行为。Wang 等（2021）所定义的仪式行为是一种生活中更加微观的仪式，这种仪式与节日仪式、婚礼仪式等宏观仪式的区别在于并不一定具有象征性，而是一种基于非工具性目的获取意义的行为。例如，在调制鸡尾酒的过程中以特定的程序加入配料，或在吃巧克力之前按照颜色对其进行排列，等等。Wang 等（2021）主张即使是这种简单的、微观的、不熟悉的仪式也可以影响消费者的行为。例如，有研究发现即使是在泡茶的过程中加入特定行为步骤的仪式也足以产生意义感（Hobson et al. , 2018），并导致个体心理和行为上的变化。

我们可以通过 Wang 等（2021）研究所使用的实验材料来更深刻地理解他们所使用的 Ritualistic Consumption 的概念。例如，他们在实证研究中使用了奥利奥饼干的"扭一扭、舔一舔、泡一泡"作为仪式感消费的实验材料。在其他实验中他们还采取了如下方法操纵仪式感消费：让仪式感消费组的被试按照特定的程序来准备奶茶，让非仪式感消费组的被试按照自己喜欢的程序来准备奶茶；或者让仪式感消费组的被试按照商品建议的步骤来喝茶，让非仪式感消费组的被试按照他们习惯的方式喝茶。由此可见，Wang等（2021）所聚焦的仪式感消费主要指的是在产品使用的过程中融入了仪式性元素的行为。具体来说，他们所指的仪式感消费是通过在产品使用的流程中是否有仪式化的元素来界定的。

Wang等（2021）对 Ritualistic Consumption 进行这种狭义的定义主要是考虑在实证研究中能够更加聚焦。而本书作为一个系统性的研究项目，则更倾向于采用已有文献中更广义的仪式感消费的定义（Rook，1985），其中既包含Wang等（2021）所定义的微观的仪式感消费行为，也包含更加广义的包括文化仪式、家庭仪式等内容的仪式感消费行为。具体来说，所有消费者为了获得仪式感而进行的消费行为都可以称为仪式感消费。除此之外，与Wang等（2021）的定义相比，本书更强调从动机的角度来定义仪式感消费。某个消费行为的动机是不是获得仪式感是我们区分一个行为是否为仪式感消费的关键。即使是一个客观具有仪式元素的消费行为，如果消费者是被迫的，并不对其中的仪式元素感兴趣，或不是为了获得和享受消费过程中所带来的仪式感的消费行为也不能被认定为仪式感消费。

（二）仪式感消费与品牌仪式的辨析

在营销学领域还有一个与我们所提出仪式感消费接近的概念，即"品牌仪式"。品牌仪式是消费者与某品牌之间的一种仪式化互动行为，是一组重复的、表达意义的、非功能性的行为（冉雅璇、卫海英，2017；薛海波，2015）。品牌仪式主要是由商家所创造或商家和消费者所共同创造的消费者与品牌互动过程中的仪式行为。例如，奥利奥饼干所提出的"扭一扭、舔一舔、泡一泡"的吃法，就可以被视作奥利奥所创造的一种品牌仪式。再如，健力士啤酒向消费者推荐了独特的倒酒方法，消费者倒酒时需要与酒杯呈45度角缓缓倒入，且倒至3/4时停下，静置后再将整杯加满。在最后加满时，应向前推，而不是向后拉，使泡沫充满杯沿且没有溢出，这将产生能够持续至最后一口的乳脂状泡沫（薛海波，2015）。这种品牌仪式有助于提升消费者消费过程中的乐趣，让企业与消费者共创价值，增强消费者的归属感，以及增强消费者与品牌的情感关联（薛海波，2015）。由此可见，品牌仪式的概念主要是从品牌方的角度提出来的，是品牌方用来搭建消费者与品牌之间的情感关联、提升粉丝忠诚度的一种营销理念。我们所提出的仪式感消费与品牌仪式的相同之处在于都强调仪式元素的融入。但是，与品牌仪式采取商家视角不同的是，仪式感消费更强调消费者的视角，更从消费者需求的角度来展开研究，主要探究消费者何时会对具有仪式感的消费更加关注和偏好。

综上所述，虽然近些年越来越多的文献将仪式的理念引入消费者行为学的研究中，也初步基于仪式感消费的概念展开了实证研究，但是仪式感消费的内涵、研究范式、理论基础等问题还有待于进一步挖掘。在消费者日常生活当中都存在着哪些仪式感消费行为，以及仪式感消费的心理机制和具体表现形式尚有待于进一步系统地整理和挖掘。我们将在实证研究部分通过质性研究的方法进一步从广义的角度挖掘仪式感消费的内涵及消费者对仪式感消费的心理需求。

三 仪式行为的作用

由于仪式感消费是一个较为新近提出的概念，对它的研究较为缺乏，因此在这一部分我们主要对仪式行为的作用进行综述，以便为仪式感消费的研究提供启发。

（一）抵抗消极影响

最初对仪式展开研究的领域为人类学，来自人类学的研究发现，在人类进化的过程中宗教仪式、文化仪式在种族的生存中起着重要的作用，它们可以帮助人类在面对自然灾难的时候抵抗自身渺小的无力感。即使现代社会在一定程度上远离了自然灾难带来的不确定性，但人们仍然热衷于参加各种宗教仪式和文化仪式。有研究发现，参与这些仪式有助于人们缓解恐惧、愤怒、痛苦等消极情绪，还有助于人们心理健康的恢复（Jacobs，1989）。这是由于仪式过程中重复性的动作有助于人们获得控制感，仪式行为的象征意义有助于给人们提供更多的意义感和精神支持，在仪式中多人的共同参与有助于人们获得归属感、认同感，从集体的力量中获得精神慰藉。

除了宗教仪式和文化仪式等大型的仪式之外，我们日常生活中很多个体层面的仪式也具有帮助人们度过生命中艰难和重要时刻的作用。例如，有研究发现，在临终仪式中无论是患者本人还是其家属的痛苦都可以得到缓解（Romanoff and Thompson，2006）。毕业仪式有助于毕业生处理由分离带来的焦虑情绪，并且加强日后同学之间的情感联结，获得更好的个人成长（Tinson and Nuttall，2010）。有研究发现，生活在经常举办各种家庭仪式的家庭中的青少年具有更高的自尊和更低的焦虑水平（Fiese and Kline，1993）。即使并不是由多人参与的仪式，个人在日常生活中所表现出来的仪式行为也具有帮助人们抵抗消极情绪的作用。例如，运动员在比赛之前往往会进行各种鼓励自己或祈祷幸运的仪式，我们在参与重要活动或竞争之前也往往会做一些习惯性的仪式动作。有研究发现，这种个人的仪式行为有助于缓解他们面对挑战和竞争前的焦虑情绪（Brooks et al.，2016）。

（二）带来积极体验

仪式除了具有以上抵抗外在事件消极影响的作用以外，还会给人带来很多积极的影响。有研究发现，人们在宗教仪式中会体验到一种高度专注的愉悦感（Anastasi and Newberg，2008），这可能和仪式可以激活人的多巴胺系统，给人带来情绪上的愉悦和安宁有关（Alcorta and Sosis，2005）。还有研究发现，如果人们在品尝食物的过程中加入某些仪式化的行为（例如，按照某些固定的仪式程序来品尝食品），那么他们会体验到更多的乐趣和愉悦感，甚至会提高他们对食物美味程度的评估（Vohs et al.，2013）。由于仪式往往由多人参与，因此仪式还具有增进人际亲密关系的积极作用。例如，有研究发现经历过同一仪式的人，即使在仪式中没有直接见面，也会产生更强烈的亲密感（Gainer，1995）。仪式这种增进亲密感的作用经常被我们应用到生活中。例如，校园当中的各种仪式会促进学生之间的团结和合作（Bradford and Sherry，2015）；家庭中的仪式可以提升家人之间的亲密度（Sezer et al.，2016）；握手的仪式可以增进商务谈判中的合作意向，减少机会主义（Schroeder et al.，2019）。已有文献还发现，仪式的积极影响还体现在人的自我控制能力和任务绩效的提升上。例如，有研究发现仪式行为可以提升人的自我控制能力，在餐前进行仪式行为可以让消费者选择更健康的食物（Tian et al.，2018），仪式化的行为还可以通过降低个体面对任务时的焦虑来提升任务绩效（Brooks et al.，2016）。

四 影响仪式行为的因素

（一）外在威胁

相比仪式行为对人产生影响的研究，对什么因素会促进人们采用仪式行为的研究则相对较少，并且主要集中在探究外在威胁性事件的影响之上。例如，有研究发现在美国"9·11"恐怖袭击事件之后，美国人祷告仪式的频率显著增加（Ai et al.，2005）。当然，这种威胁性事件不一定是已经发生的，当人们预见可能存在的威胁时也会表现出更多的仪式行为。例如，有研究发现，渔民在航海前如果天气恶劣的话，他们举行的仪式较多；而如果在温和的天气下，他们举行的仪式则较少（Homans，1941）。为什么外在威胁会促进人们采取仪式行为呢？其中一个很重要的原因是，外在威胁会给个体带来巨大的不确定性，仪式行为通过有模式的重复或者通过符号象征引入更有力量感的事物让人感觉到更强的控制感（Norton and Gino，2014）。因此，不仅是在有明确威胁的情境下，在面对人生转折性事件的时候，人们也会感知到更多的不确定性，这时他们也会采取更多的仪式行为。例如，在结婚、生子、毕业、搬迁、亲人去世等情景下，人们也会更多地举行各种仪式（Alcorta and Sosis，2005）。除了控制感的作用以外，焦虑也可能是促进个体面对外在威胁时采用仪式行为的重要因素。外在威胁还经常给人们带来焦虑的情绪，而仪式行为具有缓解焦虑的作用（Lang et al.，2015）。这就解释了为什么人们在比赛、竞争、考试、演讲前也常会表现出各种仪式行为。

（二）积极情绪

除了外在的消极事件外，积极的事件和情绪也可能促进人们参与仪式。例如，在人们开心的情况下更愿意参加和组织各种仪式活动（Boyer and Liénard，2006）。这可以解释为什么人们多在节日或者自己生命中愉悦的时刻参与和举办仪式。事实上，在某些情况下个体参与仪式的重要动机之一就是到仪式中获得积极的情绪（Arnould and Price，1993）。除此之外，兴趣和好奇也是促使个体参与仪式的重要因素（Vohs et al.，2013）。当然，在积极情绪和事件促使下的仪式行为与为了应对消极事件和情绪而采取的仪式行为可能存在着机制上的差别，但已有的文献并没有对其展开进一步的探究。

五 消费者行为学领域对仪式的研究

鉴于仪式行为对个体产生的影响和意义，消费者行为学领域的学者也逐步关注到了仪式在消费中的作用，并且发现参与或举办仪式本身就会促进个体消费，这是由于仪式会提升人们对消费活动的卷入度和消费乐趣（Vohs et al.，2013）。尤其是在与节日相关的仪式中，人们往往表现出强烈的消费热情。但是，已有的研究更多地停留在描述性的水平上，并没有明确地探究是这些仪式中的哪些成分刺激了人的消费热情，也尚未对其心理机制进行深入的探讨。品牌仪式也是一个消费者行为学关注的与仪式相关的研究领域。相关研究发现，品牌仪式之所以会提升消费者的购买意愿和用户体验，是由于品牌仪式可以提升消费者对品牌的涉入感和感知乐趣（冉雅璇，2019；Siehl et al.，1992）。与本书研究主题最相关的是 Wang 等（2021）的研究，他们发现进行融入仪式元素的消费行为可以提升消费者的意义感，进而降低他们的孤独感。综上所述，消费者行为学领域对仪式感消费的研究尚处于起步阶段，主要的关注点是在消费和营销环节引入仪式元素会对消费者的心理与行为，以及消费者和品牌之间的关系起到何种作用。对于何种因素会促进消费者进行仪式感消费及其背后的心理机制尚缺乏系统的探究。

第二节 本体安全感对居民仪式感消费影响的理论分析

一 本体安全感对居民仪式感消费影响的心理机制

本体安全感威胁指的是当生活惯例和周围环境的稳定性被打破时，个体所体验到的一种心理安全感缺乏的状态。由此可见，我们在日常生活中是通过一系列惯例性的活动，以及和周围环境的稳定互动来获得本体安全感的。与此同时，这些惯例性的活动以及我们和周围环境的关系也是我们意义感的来源。当外在的事件打破了我们的生活惯例和周围环境稳定性的时候，我们就会体验到本体安全感威胁，与此同时我们原来的意义系统也遭到了破坏。以突发事件为例，我们的日常生活在突发事件发生前以某种惯例的方式维系着，我们按照稳定的方式工作、生活、交友，按照既定的计划和目标行动，这不仅给我们带来了本体安全感，而且为我们提供了稳定的意义。而当突发事件来袭时，我们日常生活的惯例被打破，环境的稳定性和可预测性下降，此时我们便体验到本体安全感威胁。与此同时，基于我们原来日常生活方式所建构的意义系统也面临着威胁。

根据意义维持模型，我们的日常生活方式和内在的意义系统是相辅相成的，我们每天的行动方式构成了我们内在的意义系统，意义系统也指导着我们日常的行动方式。当二者相匹配的时候，意义系统便会运转良好。但是当某些事情打破了我们习惯的行动方式时，原有的意义系统就会出现与其不匹配的情况，此时我们就会体验到意义违反。由于意义违反是一个让人焦虑的状态，因此我们便会采取某些行动来应对意义系统所遭受的威胁，以维持意义系统的良好运转。我们认为，仪式可以起到帮助个体维持意义系统的作用。具体来说，仪式具有较强的象征意义，个体在参与仪式行动的时候，会从中获得丰富的意义，与此同时仪式行动中反复重复的动作也可以在微观层面强化个体的意义感。已有文献发现，即使是在消费过程中融入简单的仪式元素，也可以让消费者获得意义感（Wang et al.，2021）。基于以上逻辑，我们提出假设：本体安全感威胁会通过激发个体的意义维持需求，进而增强他们的仪式感消费倾向。具体理论模型见图 8-1。

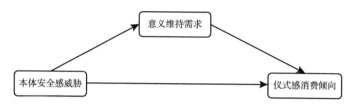

图 8-1　本体安全感对居民仪式感消费影响的理论模型

二　本体安全感对居民仪式感消费影响的边界条件

仪式感消费包含一系列具体的消费行为，这些行为可以按照其属性的不同划分为多个不同的类型，不同的仪式感消费项目可以满足消费者不同的意义需求。这意味着，在面临本体安全感威胁时，持不同心理需求的消费者可能会偏好不同类型的仪式感消费项目。因此，我们拟把仪式感消费分为不同的类型，然后探究在本体安全感威胁的情境下，不同特征的消费者对不同类型仪式感消费项目的偏好及其心理机制。我们将根据消费者的心理需求是维持原有的意义系统还是创造新的意义系统将仪式感消费划分成"惯例型仪式感消费"和"新颖型仪式感消费"两种类型，并且选择内隐人格作为影响因素，探究在本体安全感威胁的情境下不同内隐人格的消费者在两种仪式感消费项目上的偏好。

正如我们所假设的那样，仪式感消费具有帮助个体维持和获取意义的作用，那么不同类型的仪式感消费项目也可以给个体带来不同的意义。在我们的日常生活中，有些仪式行为是具有惯例性的。例如，不同文化下的个体会庆祝他们文化中惯例性的节日，有宗教信仰的人会惯例性地参加宗教仪式，我们每个人都或多或少有一些日常生活中惯例性的仪式行为等。这些惯例性的仪式行为通过重复的模式和其内在的象征意义对于维持我们稳定的意义系统具有重要作用。因此，当个体产生维持原有的意义系统的动机时，他们更可能偏好这种惯例性的仪式，并产生相应的仪式感消费行为。在本书中，我们将这种仪式感消费行为称为"惯例型仪式感消费"。

除此之外，我们在日常生活中还有一些仪式是为了创造新的意义而存在的。例如，在新年伊始的时候、开始新的工作和生活的时候，我们会尝试开展一些新的仪式活动，以此来标志新的开始。对日常生活感到厌倦时，我们也可能会尝试参加一些之前没有尝试过的仪式活动或尝试一些新的仪式行为。这些仪式活动和仪式行为能够帮助我们突破和转变原来的意义系统，从而适应新的环境和生活方式。因此，当个体产生突破原有的意义系统的动机时，他们更可能偏好这种新颖性的仪式，并产生相应的仪式感消费行为。在本书中，我们将这种仪式感消费行为称为"新颖型仪式感消费"。

在划分以上仪式感消费类型的基础上，我们面临的下一个问题是：什么因素会影响人们对这两种仪式感消费的偏好？内隐人格理论（Implicit Personality Theory）是一个关注"个体认为人类的特征是否可以改变"这一问题的理论，其将人分为实体论者和渐变论者两种类型。实体论者倾向于认为人的各种特征（如智力、人格特征等）是相对稳定和不可以改变的；而渐变论者则倾向于认为人的各种特征都是可以改变的，可以通过学习和获得新的经验来促进自己的改变（Dweck et al.，1995）。已有文献发现，由于实体论者认为人的特征是不可以改变的，因此当他们的自我概念遭受威胁时，他们更可能通过各种手段维持原来的自我概念和意义框架。而对于相信自我是可以改变的渐变论者而言，他们更可能吸纳这些外在的威胁性信息，通过寻求改变来重新调整自我概念和意义框架（Hong et al.，1999）。

我们认为，内隐人格也会影响个体面对本体安全感威胁时的意义维持倾向。具体来说，本体安全感威胁会让个体原有的意义系统失衡，对于相信人的特质是不可以改变的实体论者而言，他们更可能通过各种手段来维持和强化自己原有的意义系统，以此来抵抗本体安全感威胁的影响，进而更偏好惯例型仪式感消费项目。而对于相信人的特质是可以改变的渐变论者而言，他们更可能通过获得新的经验的方式来调整和重构自己的意义系统，从而重新协调自己的意义系统和所处情境之间的关系，进而更偏好新颖型仪式感消费项目。基于以上逻辑，我们提出假设：当面对本体安全感威胁时，持实体论内隐人格的消费者更倾向于维持原有的意义，进而偏好惯例型仪式感消费；而持渐变论内隐人格的消费者更倾向于创造新的意义，进而偏好新颖型仪式感消费。具体理论模型见图8-2。

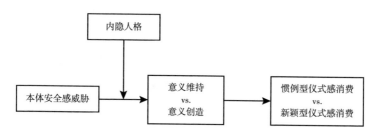

图 8-2　本体安全感对居民仪式感消费影响边界条件的理论模型

三　仪式感消费对消费者本体安全感的影响机制

上文我们都将本体安全感作为诱发个体仪式感消费的一个情境性因素展开分析，那么消费者所进行的仪式感消费行为是否能够起到帮助他们缓解本体安全感威胁的作用呢？这一问题在之前的理论分析中并没有得到充分回答。因此，下面我们将重点分析在本体安全感威胁的情境下，仪式感消费是否具有缓解本体安全感威胁和提升消费者心理健康的作用。

Wang 等（2021）的研究发现，仪式感消费具有帮助消费者获得意义感进而缓解孤独感的积极作用。本书假设仪式感消费的这种作用对于帮助消费者恢复本体安全感也同样适用。正如上文所论述的那样，本体安全感威胁会导致消费者的意义系统受到挑战。由于仪式感消费具有丰富的象征意义，因此当消费者进行仪式感消费行为时，他们会将这些象征意义吸收和内化到自己的意义系统当中，从而起到维持、强化和建构自己受到威胁的意义系统的作用。与此同时，更加稳定的意义系统将有助于消费者对抗本体安全感威胁，进而恢复其本体安全感水平。基于以上逻辑，我们提出假设：在本体安全感威胁的情境下，进行仪式感消费具有帮助消费者恢复其本体安全感的作用，并且意义获取在这个过程中起到中介作用。

正如我们文献综述中所总结的那样，本体安全感威胁会对个体的心理健康造成不利影响，如导致个体的控制感缺失、引发焦虑的情绪、降低幸福感等（Lloyd et al.，2017；Vaquera et al.，2017）。那么在本体安全感威胁的情境下进行仪式感消费，是否可以通过恢复消费者的本体安全感从而起到促进其心理健康的作用呢？鉴于本体安全感和心理健康的紧密关系，我们还假设：在本体安全感威胁的情境下，进行仪式感消费能够通过帮助消费者恢复其本体安全感促进他们的心理健康。

正如我们上文所论述的那样，仪式感消费之所以会起到恢复本体安全感的作用，是由于仪式感消费具有丰富的象征意义，消费者能够在仪式感消费的过程中获得其所象征的意义感。但是，如果消费者在消费的过程中不能感知其中的意义感，这种作用是否还存在呢？举例来说，我们中国人比较注重春节的各种仪式，会通过购买红色的装饰、吃团圆饭、给压岁钱等仪式感消费来获得春节仪式中辞旧迎新、阖家团圆的象征意义。但是，如果一个从没接触过中国文化的外国人，在不了解这些行为象征意义的情况下也进行了相同的消费行为，那么这样的仪式感消费是否还能够起到帮助他获得意义感和恢复本体安全感的作用呢？因此，我们还将"象征意义传达"作为调节变量展开探究，并且假设：当消费者能够有效接收仪式感消费所传达出来的象征意义时，仪式感消费具有帮助其恢复本体安全感的作用；而当消费者不能有效接收仪式感消费所传达出来的象征意义时，这种作用会消失。具体理论模型见图 8-3。

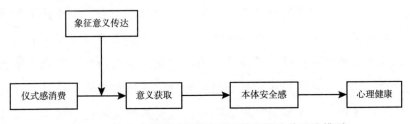

图 8-3　仪式感消费对消费者心理健康影响的理论模型

第三节 本体安全感对居民仪式感消费影响的研究思路

一 基于扎根理论的仪式感消费的质性研究与理论建构

正如本章第一节所说，仪式感消费是一个新的研究方向。本章所提出的仪式感消费的理论内涵比 Wang 等（2021）所使用的 Ritualistic Consumption 的概念更加广义，目前尚没有对其明确的理论定义。因此相关领域首要解决的问题便是对仪式感消费的内涵进行理论界定，并且明确其在消费者日常生活中的表现形式。由于仪式感消费并不是一个完全抽象的理论概念，它真实地发生在消费者的日常生活中。因此，我们认为可以采取基于扎根理论的质性研究方法和归纳总结的逻辑思维，从消费者日常生活中的消费实践入手，自下而上地对仪式感消费的理论内涵进行建构。

扎根理论是当下质性研究较为常用的一种研究范式，其特点是不具有理论预设地运用系统化程序，针对某一现象来发展并归纳式地引导出相关理论，较为适用本章的研究目的。因此，我们认为可以采取基于扎根理论的质性研究方法对以下三个问题进行理论探究：首先，归纳总结仪式感消费在消费者日常生活中的具体表现形式，并在此基础上定义仪式感消费的概念和理论内涵；其次，总结和概括消费者日常生活中引发其仪式感消费的外在事件和刺激情境；最后，挖掘和探索消费者进行仪式感消费的内在动机和心理机制。具体的研究流程、研究方法和研究内容呈现在图 8-4 中。

首先，我们可以基于深度访谈获得的资料，对仪式感消费的行为指标进行总结，并且将其概括成几个理论维度，目前拟定的三个理论维度分别为：仪式感增强、仪式感获取和仪式感灵敏（见表 8-1）。仪式感增强指的是"消费者注重生活当中具有仪式感的时刻，愿意进行更多消费投入来增强这种仪式感"。在我们的日常生活中经常有一些具有仪式感的时刻，如各种节日、纪念日、生日等，有些消费者更注重这些仪式感的时刻，更愿意通过消费来增强这些时刻的仪式感。这种行为是仪式感消

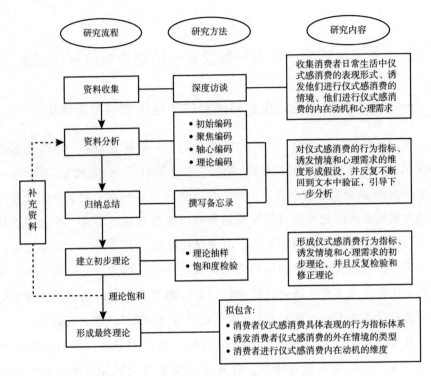

图 8-4　基于扎根理论的仪式感消费的质性研究

费的一个重要表现形式，我们将其命名为"仪式感增强"。仪式感获取指的是"消费者在日常生活中为了主动追求和创造仪式感而进行消费的行为"。除了通过增强已有的仪式感来进行仪式感消费以外，在日常生活中消费者还经常主动地通过多种消费形式来创造仪式感。"让生活具有仪式感"已经成为当下很多年轻人追捧的口头禅和仪式感消费的重要动力。仪式感灵敏指的是"消费者更偏好具有仪式感的商品和品牌，对商家融入仪式感元素的营销策略更敏感"。为了满足消费者仪式感的需求，很多商家在产品设计、品牌营销和促销策略的过程中融入仪式感的元素，在某些特定的情景下消费者会对这些仪式感的元素更加敏感，因此我们将其称为"仪式感灵敏"。

其次，我们还可以基于深度访谈获得的资料，对诱发仪式感消费的外在情境进行概括，并且拟从消极情境和积极情境（见表 8-1）两个方面来分析其影响。所谓"消极情境"，是指外在情境中负性的、具有威胁性的、给消费者带来消极体验的事件或刺激。在这种情况下消费者可能会把仪式感消费作为他们应对消极情境的方法之一。正如我们文献综述中所总结的那样，人类仪式行为的产生，在很大程度上就是为了应对外在世界的不确定性。已有文献也发现融入仪式元素的消费行为有助于减少个体的孤独感、焦虑等负面体验。本书所研究的本体安全感威胁也是一个重要的消极情境。除了消极情境之外，积极情境也可能会起到诱发消费者仪式感消费的作用，但是这种作用的心理机制可能和消极情境有所区别。所谓"积极情境"，是指外在情境中正性的、具有纪念意义的、给消费者带来积极体验的事件或刺激。人们更可能是为了保持、固定和强化这些积极体验来进行仪式感消费。例如，在个体面对节日喜庆的氛围时或者在取得人生重要成就的时刻，他们可能会通过仪式感消费来保持和固化积极的体验、增强价值感和意义感，此时仪式感消费的作用更多的不是自我补偿功能而是自我强化功能。

最后，我们还可以基于深度访谈获得的资料，从意义的角度来分析个体进行仪式感消费的内在心理机制。本章拟从意义维持和意义创造（见表8-1）两个角度来展开分析。所谓"意义维持"，是指出于维持消费者原有的意义系统和传统意义感的需求而进行仪式感消费的动机。在我们日常的仪式行为中，有很多仪式的作用是强化个人或文化中固有的意义感，如传统节日的仪式、宗教仪式、个人习惯的仪式等。个体在进行这些相关的仪式感消费时，他们会维持和强化已有的意义系统，恢复对生活的控制感和感知稳定性。除此之外，仪式本身重复性的动作和象征功能也会起到恢复控制感的功能。因此，当消费者感知到日常生活的稳定性被打破或者日常的意义系统被威胁时，他们会通过此类的仪式感消费来进行意义维持。当然，还有一种仪式行为，其功能是帮助个体创造新的意义。例如，在成人仪式、婚礼仪式中，以及当个体尝试新的仪式行为时，他们是想通过这些仪式行为来开始一段新的生活，突破自己原有的意义系统，创造新的意义，我们拟将这种仪式感消费的动机命名为"意义创造"。

表 8-1　质性研究思路举例

一级范畴	二级范畴	具体内涵
仪式感消费行为指标	仪式感增强	消费者注重生活当中具有仪式感的时刻,愿意进行更多消费投入来增强这种仪式感
	仪式感获取	消费者在日常生活中为了主动追求和创造仪式感而进行消费的行为
	仪式感灵敏	消费者更偏好具有仪式感的商品和品牌,对商家融入仪式感元素的营销策略更敏感
诱发仪式感消费的情境	消极情境	外在情境中负性的、具有威胁性的、给消费者带来消极体验的事件或刺激
	积极情境	外在情境中正性的、具有纪念意义的、给消费者带来积极体验的事件或刺激
仪式感消费的心理需求	意义维持	出于维持消费者原有的意义系统和传统意义感的需求而进行仪式感消费的动机
	意义创造	出于突破消费者原有的意义系统和创造新的意义的需求而进行仪式感消费的动机

　　基于以上对仪式感消费的行为指标、外在情境、心理需求的分析,我们拟进行如下仪式感消费的理论模型建构,如图 8-5 所示。外在的日常生活中的各种消极或积极的情境会诱发个体维持原有意义系统或创造新的意义系统的心理需求。由于仪式感消费具有帮助个体维持和创造意义的功能,因此个体会通过仪式感增强、仪式感获取、仪式感灵敏等具体的仪式感消费行为来满足内在的心理需求。在未来的研究中,我们将会进一步完善和修正该模型。在后续的实证研究中,我们也拟基于如图 8-5 所示的"外在情境—心理需求—仪式感消费"的框架,对本体安全感威胁对仪式感消费的影响展开探究。

图 8-5　基于质性研究的仪式感消费的理论模型建构

二　本体安全感和仪式感消费研究方法论基础的建立

针对本体安全感威胁对仪式感消费影响的研究，可以采取质性研究、问卷研究和实验研究相结合的方法对相关问题展开探究。然而，正如本章第一节所言，无论是本体安全感威胁还是仪式感消费的研究都处于起步阶段，相关的研究范式尚未建立完全，研究工具也比较缺乏。因此，编制相关的研究工具和探索相关的研究范式，系统性地建立针对本体安全感和仪式感消费研究的方法论基础是未来研究的一个重要方向。下面我们通过表8-2简要地阐释一下如何建立相关方法论基础的研究思路。

表8-2　研究范式思路举例

研究方法	本体安全感威胁	仪式感消费
质性研究	本体安全感威胁质性研究方法的确定	仪式感消费质性研究方法的确定
问卷研究	本体安全感威胁量表的编制	仪式感消费倾向量表的编制
实验研究	本体安全感威胁实验操纵范式的建立	仪式感消费实验材料的选择

首先，正如上文所言，已有对本体安全感的研究主要是在社会学领域基于质性研究的方法所展开的，并且 Phipps 和 Ozanne（2017）在消费者行为学领域展开的实证研究也沿用了这种质性研究的方法。这种质性研究主要是基于特定威胁居民本体安全感的社会背景（如灾难）或特殊群体（如移民）展开的。本书一方面会延续这种质性研究的方法，另一方面还拟对消费者日常生活中所遭遇的本体安全感威胁展开质性研究。因此，在这一部分我们将从两个方面来探究本体安全感威胁的质性研究方法。具体来说，一方面，我们可以选择当下诱发本体安全感威胁典型的社会背景，拟定访谈提纲和选择资料收集路径展开质性研究；另一方面，我们将对居民日常生活中经常遭受的本体安全感威胁的情境进行资料收集和深度访谈，探究居民日常生活中所遭受的一般性的本体安全感威胁对其产生的影响。除此之外，仪式感消费的实证研究也基本处于空白阶段，因此我们也需要对仪式感消费的质性研究方法进行探索。具体来说，该部分也包括特定社会背景下的仪式感消费和消费者

日常生活中的仪式感消费两个模块，使其与本体安全感的质性研究彼此拟合。

其次，在定量研究方面，目前尚缺乏针对本体安全感威胁和仪式感消费倾向的测量工具。尽管，在徐岚等（2020）的研究中，他们采用自编的 7 道题项测量了本体安全感威胁，用于对本体安全感威胁的实验操纵进行检验。但这些题项是与他们的实验情景高度相关的，不适合对消费者一般性的本体安全感威胁进行测量。因此，编制测量居民一般性本体安全感威胁的研究工具对于后续的问卷研究至关重要。未来的研究可以采取问卷编制的系统化程序，通过深度访谈收集资料、编制题项，然后通过探索性因子分析确定维度，再反复通过测量修正题项，最终形成具有良好信度和效度的研究工具。除此之外，由于对仪式感消费展开问卷研究也面临着相同的研究工具缺乏的问题，因此我们也将遵循标准化的量表开发程序，基于质性研究所获取的资料进行标准化的仪式感消费倾向的问卷编制，为后续的实证研究提供工具基础。

最后，实验研究是目前消费者行为学最重要的方法之一。然而，无论是本体安全感威胁还是仪式感消费行为，已有文献都尚未对其展开大规模的实验研究，因此尚未形成系统和公认的实验研究范式。我们可以通过多个预实验来探索经济、有效的本体安全感威胁的实验操纵范式，结合情景想象、阅读材料启动、实验情景建构等方法在实验室的环境下对本体安全感威胁进行操纵，并且选择现实生活中能够启动本体安全感威胁的情景来展开田野实验。对于仪式感消费展开实验研究的重要问题是选择合适的、具有代表性的仪式感消费的实验材料，因此我们也将通过多个预实验，针对不同的被试群体，选择仪式感消费的具有代表性的商品和行为指标，以便后续实验研究的顺利开展。

三 本体安全感威胁对消费者仪式感消费影响实证研究的设计思路

（一）对心理机制进行验证的研究设计思路

为了阐释本章的研究思路，我们以 7 个研究为例来说明如何对图 8-1 的理论模型进行验证，每个研究的目的和演进逻辑被总结在表 8-3 中。

表 8-3　验证心理机制各研究的设计与目的

研究	研究目的
研究 1	在突发事件的背景下通过质性研究探究本体安全感威胁和居民仪式感消费的关系
研究 2	基于二手数据分析突发事件带来的本体安全感威胁和居民仪式感消费的关系
研究 3	采用问卷研究的方法分析一般性的本体安全感威胁和居民日常仪式感消费的关系
研究 4	采用实验研究的方法验证本体安全感威胁对居民仪式感消费影响的总效应
研究 5	采用实验研究的方法通过直接测量意义维持需求来验证其中介作用
研究 6	采用实验研究的方法通过操纵"意义确认"的方式来验证意义维持需求的中介作用
研究 7	通过田野实验在真实的营销情境下检验以上研究的结论

研究 1、研究 2 和研究 3 的目的是分别通过质性研究的方法、二手数据分析的方法和问卷研究的方法探究本体安全感威胁和居民仪式感消费的关系。由于已有针对本体安全感威胁的研究主要采用质性研究的方法，研究具体事件或情境所带来的本体安全感威胁的影响，因此研究 1 也拟采取质性研究的方法展开探究。突发事件可以成为一个研究本体安全感威胁很好的、天然的社会背景。因此，研究 1 可以通过深度访谈的方法收集居民在突发事件下仪式感消费的相关数据，采用标准化的质性分析的方法来探究突发事件带来的本体安全感威胁对居民仪式感消费的影响。除了质性研究的方法外，研究 2 将通过二手数据分析的方法对我们假设的总效应进行进一步验证。由于突发事件在不同时间和不同区域的严重程度不同，这就形成了不同区域居民遭遇本体安全感威胁的自然差异。因此，在研究 2 中我们将基于"中国家庭追踪调查"中的二手数据，分析突发事件背景下不同区域居民在仪式相关项目上的消费占总体消费支出的比例，以此来探究本体安全感威胁和仪式感消费的关系。在研究 3 中，我们将采用问卷研究的方法基于自编的"本体安全感威胁问卷"和"仪式感消费倾向问卷"测量消费者日常生活中一般性的本体安全感威胁和他们仪式感消费倾向之间的关系，进一步验证本研究所提出的假设。

以上研究所采用的方法并不能验证本体安全感威胁和消费者仪式感消费之间的因果关系。因此，研究 4、研究 5 和研究 6 将采用实验研究的方法，通过实验操纵被试的本体安全感威胁，并且测量仪式感消费不同的行为指标，来验证本体安全感威胁对消费者仪式感消费的总效应和中介作用。研究 4 将采用单因素两水平的实验设计（本体安全感：威胁组 vs. 控制组），使用实验操纵的方法对被试的本体安全感威胁进行实验操纵，然后选取不同的实验材料测量被试在仪式感增强、仪式感获取和仪式感灵敏行为指标上的仪式感消费倾向，从而验证本体安全感威胁与个体仪式感消费倾向的因果关系。研究 5 也将采取单因素两水平的实验设计（本体安全感：威胁组 vs. 控制组），并且用与研究 4 不同的实验操纵方法和不同的仪式感消费的行为指标，在重复验证总效应的基础上，通过测量被试的意义维持需求来验证其在本体安全感威胁对仪式感消费倾向影响中的中介作用。研究 6 将采用 2（本体安全感：威胁组 vs. 控制组）×2（意义确认组 vs. 无意义确认组）的实验设计，在研究 5 的基础上通过操纵被试的意义确认来验证意义维持需求在本体安全感威胁对仪式感消费倾向影响中的中介作用。具体来说，我们假设当消费者遭受本体安全感威胁时，他们会产生意义维持需求，进而具有更强的仪式感消费倾向；而如果在这个过程中消费者有机会进行意义确认的话，那么他们的意义维持需求便得到了补偿，相比没有得到意义确认的消费者而言，仪式感消费倾向的水平更低。在以上研究的基础上，研究 7 将在更真实的营销情境下展开田野实验，提升本研究结论的外部效度。

（二）对边界条件进行验证的研究设计思路

为了阐释对边界条件的研究思路，我们以 5 个研究为例来说明如何对图 8-2 的理论模型进行验证，每个研究的目的和演进逻辑被总结在表 8-4 中。

表 8-4　验证边界条件各研究的设计与目的

研究	研究目的
研究 1	探究惯例型仪式感消费和新颖型仪式感消费是否分别具有维持原有意义和创造新的意义的功能
研究 2	通过测量被试的内隐人格，验证内隐人格在本体安全感威胁和仪式感消费偏好之间的调节作用

研究	研究目的
研究 3	通过操纵被试的内隐人格,验证内隐人格在本体安全感威胁和仪式感消费偏好之间的调节作用
研究 4	通过测量中介变量,验证图 8-2 所提出的有调节的中介效应模型
研究 5	通过田野实验增强以上结论的生态效度

研究 1 的目的是验证惯例型仪式感消费和新颖型仪式感消费是否分别能够帮助消费者完成意义维持和意义创造。研究 1 拟采取单因素被试间的实验设计（惯例型仪式感消费 vs. 新颖型仪式感消费）。我们拟让两组被试分别想象他们进行了惯例型仪式感消费和新颖型仪式感消费，然后测量他们此时的意义感是更倾向于强化了原有的意义还是获得了新的意义。数据收集后，我们将采用独立样本 T 检验对数据结果进行分析。

研究 2 的目的是通过测量被试的内隐人格，验证内隐人格在本体安全感威胁对惯例型仪式感消费与新颖型仪式感消费偏好影响中的调节作用。研究 2 拟采用双因素被试间的实验设计（本体安全感威胁：实验组 vs. 控制组）×（消费类型：惯例型仪式感消费 vs. 新颖型仪式感消费）。我们拟首先采用"内隐人格量表"测量被试的实体论和渐变论的内隐人格倾向（Levy et al.，1998），然后将被试随机分到上述的四个实验组中。在实验操纵上，我们将首先采用实验方法对被试的本体安全感威胁进行操纵。然后让惯例型仪式感消费组的被试写下他们经常进行的仪式感消费项目，并评价他们此时对这些项目的消费意愿；让新颖型仪式感消费组的被试写下他们较少参与的、对他们来说具有新颖特征的仪式感消费项目，并评价他们此时对这些项目的消费意愿。数据收集后，我们将使用 Bootstrap 程序对内隐人格的调节作用进行分析。

研究 3 的目的是通过操纵被试的内隐人格，验证内隐人格在本体安全威胁对惯例型仪式感消费与新颖型仪式感消费偏好影响中的调节作用。研究 3 拟采用双因素被试间的实验设计（本体安全感威胁：实验组 vs. 控制组）×（内隐人格：实体论 vs. 渐变论）。由于内隐人格既可以是一个人相对稳定的特质，也可以发生暂时性和情境性的变化，因此也有研究者通过实验操纵来启动被试的内隐人格（Nussbaum and Dweck，2008）。在这一部分我们首先采用让被试阅读文章的方法操纵他们的内隐人格（Park and John，2010），然后采取实验方法对被试的本体安全感威胁进行操纵。在因变量的测量上，我们让被试采用李克特7级量表评价自己此时在惯例型仪式感消费和新颖型仪式感消费之间的偏好。数据收集后，我们将使用双因素方差分析方法对内隐人格的调节作用进行分析。

研究4的目的是在以上发现的基础上，验证意义维持和意义创造的中介作用。研究4拟采用双因素被试间的实验设计（本体安全感威胁：实验组vs. 控制组）×（内隐人格：实体论 vs. 渐变论）。在采用与研究3不同的实验操纵和因变量测量方法的基础上，我们测量被试的意义维持和意义创造倾向，然后通过 Bootstrap 程序对图 8-2 提出的有调节的中介效应模型进行分析。最后，为了增强本研究结论的生态效度，在研究5中我们会通过多个田野实验对以上实验室研究的结论进行检验。

（三）对仪式感消费后续效应进行验证的研究设计思路

为了阐释对仪式感消费后续效应的研究思路，我们以4个研究为例来说明如何对图 8-3 的理论模型进行验证，每个研究的目的和演进逻辑被总结在表 8-5 中。

表 8-5　验证后续效应各研究的设计与目的

研究	研究目的
研究 1	探究在遭遇本体安全感威胁的情境下,进行仪式感消费是否能够帮助消费者恢复本体安全感
研究 2	探究意义获取在仪式感消费对本体安全感恢复中的中介作用
研究 3	探究象征意义传达在仪式感消费对本体安全感影响中的调节作用
研究 4	探究在遭遇本体安全感威胁的情境下,进行仪式感消费是否能够帮助消费者提升其心理健康水平

研究1的目的是验证在本体安全感威胁的情境下进行仪式感消费对恢复消费者本体安全感的作用。研究1可以采取2（本体安全感威胁：实验组

vs. 控制组）×2（消费类型：仪式感消费 vs. 普通消费）的双因素被试间实验设计。可以首先采用与上述研究相同的方法对本体安全感威胁进行操纵，然后让仪式感消费组想象他们进行了一项日常生活中经常从事的具有象征意义的仪式感消费的场景，之后让普通消费组想象他们进行了一项日常生活中经常从事的普通消费的场景，接着测量他们此时的本体安全感水平。数据收集后，我们将采用双因素方差分析方法对研究假设进行验证。

研究 2 的目的是验证意义获取在以上影响中的中介作用。研究 2 也可以采取 2（本体安全感威胁：实验组 vs. 控制组）×2（消费类型：仪式感消费 vs. 普通消费）的双因素被试间实验设计。在操纵本体安全感威胁的基础上，我们借 Wang 等（2021）的研究方法，让仪式感消费组按照固定的具有象征意义的程序来完成一次商品的使用，让普通消费组按照他们日常的程序完成一次商品的使用，然后测量他们此时的本体安全感水平和意义感。数据收集后，我们将采取 Bootstrap 程序对有调节的中介效应模型进行分析。

研究 3 的目的是验证"象征意义传达"在以上影响中的调节作用。研究 3 拟采取 2（本体安全感威胁：实验组 vs. 控制组）×2（象征意义：象征意义传达 vs. 无象征意义传达）的双因素被试间实验设计。在操纵本体安全感威胁的基础上，让所有的被试都进行一次仪式感消费，区别是给象征意义传达组的被试讲述这个仪式感消费程序中所传达出来的象征意义，不给无象征意义传达组的被试讲述这个仪式感消费程序中所传达出来的象征意义，然后测量他们此时的本体安全感水平和意义感。数据收集后，我们将采用 Bootstrap 程序对有调节的中介效应模型进行分析。

研究 4 的目的是验证在遭遇本体安全感威胁的情境下，进行仪式感消费是否能够帮助消费者提升其心理健康水平。研究 4 可以采取 2（本体安全感威胁：实验组 vs. 控制组）×2（消费类型：仪式感消费 vs. 普通消费）的双因素被试间实验设计，实验程序与研究 2 相同。在心理健康指标的选取上，收集被试焦虑、心理复原力、幸福感等指标，最后测量被试的本体安全感水平。数据收集后，我们将采用 Bootstrap 程序对有调节的中介效应模型进行分析。

第九章
总结与展望

本书在对本体安全感与居民消费行为的相关文献进行研究综述，相关理论进行梳理和相关研究方法进行介绍的基础上，通过四个实证研究和一个理论分析探究了本体安全感对五种典型消费行为的影响。结果发现，本体安全感对不同消费行为的影响模式、心理机制和边界条件存在差异。尽管本书选择了从众消费、稀缺性消费、健康消费、体验消费和仪式感消费五种典型的消费行为，并且基于恐惧管理理论、补偿控制理论、风险感知理论和意义维持模型对本体安全感的影响进行了实证研究和理论分析，但是未来的研究可以从更加系统的层面对相关问题展开综合的探究。下面本章将从本体安全感威胁的诱发情境、本体安全感威胁的专属理论和本体安全感威胁情境下消费者行为的类型三个方面对未来的研究方向进行展望。

一 探究日常生活中本体安全感威胁的诱发情境

本体安全感威胁作为个体对自己生存状态的一种感知，会受到多种情境的激发，已有研究多在社会变迁和突发事件的背景下对本体安全感威胁展开探究。然而，对于消费者行为学更有意义的问题是：消费者在日常生活中会经常受到何种形式的个体层面的本体安全感威胁，以及这些日常生活中的本体安全感威胁会如何对他们日常生活的消费行为产生影响？但是这些问题在已有研究中尚未得到充分揭示。因此，未来研究的一个重要方向可以是"充分揭示日常生活中诱发消费者本体安全感威胁的情境和表现形式，并将其类型化为几个典型的范畴"。这不仅可以在理论上加深对本体安全感威胁的理解，而且可以为后续实证研究工具的编制和实验范式的建立提供资料。

前文我们将本体安全感威胁的影响区分为威胁爆发期和威胁恢复期两个阶段。与此对应的是，在本书的实证研究部分，我们发现本体安全感威胁对某些消费行为的影响是情境性的，而对某些消费行为的影响是长期性的。基于该结论的启发，我们也可以把本体安全感威胁区分为"长期性的威胁"和"情境性的威胁"。根据已有文献和前期资料分析，我们发现有些人会长期处于缺乏本体安全感的状态，如缺乏生活保障的边缘化群体、居无定所的移民群体、处于战乱国家和地区的居民等，这些群体的本体不安全感是长期的、稳定的，且较难在短时间内改变的；与此形成对比的是，有些个体所体验到的本体安全感威胁则是情境性的，如突发的灾难、家庭的变故、失业或搬家等事件都可能会让个体突然处于缺乏本体安全感的状态中，这种类型的本体安全感威胁往往具有情境的诱发性和状态的波动性。这两种不同类型的本体安全感威胁可能会对消费者行为产生不同的影响。

前文我们还根据消费行为的社会属性将本体安全感威胁情境下的消费者行为区分为个人属性较强的消费行为和社会属性较强的消费行为。基于该思路的启发，我们还可以将本体安全感威胁区分为"社会层面的威胁"和"个体层面的威胁"。社会层面的威胁指社会的整体性变化所造成的威胁，如国际政治局势的动荡、环境污染问题的加剧、全球性的流行病等，在这些情境下个体与周围的其他人面临着相似的境遇，且往往以群体的形式应对威胁的影响；而个体层面的威胁指的是个人生活的变化或突发事件所造成的威胁，如家庭变故、遭遇不幸、生活环境发生改变等，在这些情境下个体所面临的境遇和应对方式往往具有个性化的特征。这些不同类型的威胁也可能会对消费者的心理和行为产生差异化的影响。

二　建构本体安全感威胁的专属理论

在本书的实证研究和理论分析部分，我们引用了四个已有的理论来解释本体安全感威胁情境下的消费者行为。但是已有的成型理论只能够从某个层面解释本体安全感威胁带来的心理变化，并不能系统和完全恰适地解释本体安全感威胁对消费者心理与行为影响的本质。因此，未来的一个重要研究方向便是"通过对心理机制的挖掘，建构解释消费者本体安全感威胁对其心理与行为影响的原创性理论"，该理论不仅有助于我们更好地理解本体安全感威胁对心理与行为影响的逻辑，而且我们将基于该理论推导和假设出用于实证检验的理论模型。我们认为，从应对性的视角来建构本体安全感威胁对消费者行为影响的理论可以是一个未来研究的突破口。这是由于本体安全感威胁状态下的消费者行为在很大程度上是消费者为了应对其所带来的负面影响而产生的。

在应对性理论中，比较有影响力的理论是心理学基于压力而提出的应对方式理论。应对方式理论（Coping Theory）最初源于压力领域的研究。所谓"应对"，是指通过认知和行为上的努力来缓解压力的行为（Duhachek and Oakley，2007）。应对方式的类型多种多样，基于不同的应对情境、个体特征，人们会采取不同的应对方式。已有文献对人们常用的应对方式总结了多种分类，包括主动应对、思考和计划解决、抑制应对、寻求社会支持、对问题进行积极的重新阐述、求助于宗教信仰、关注和发泄情绪、放弃解决、转移注意力等。已有研究者普遍认为应对是一个过程概念而非结果概念，即并非只有成功解决压力的行动才被称为应对，只要个体为缓解或解决压力而采取了相应的行动，不管结果如何，均可将该行为称为应对。因此，除直接解决的方式外，类似逃避、忍耐或接纳压力的行为也属于个体面对压力时的应对方式（Han et al.，2015）。

随着研究的进展，应对方式理论不再局限于压力领域，而是扩展至各种威胁领域，如自我威胁、资源稀缺等。基于应对方式的多样性和冗杂性，不同学者也对具体的应对策略进行了系统性的整理和归纳。目前最为典型也是应用最广泛的应对方式是 DeLongis 等（1988）基于"认知加工"和"情绪加工"两种心理过程所提出的"问题聚焦应对"和"情绪聚焦应对"的双重路径应对方式理论模型。问题聚焦应对强调针对威胁所产生的原因开展行动，如思考如何改善威胁所导致的负面状况、采取行动获取更好的结果、处理压力来源等。情绪聚焦应对强调如何调节由威胁产生的消极情绪，如避免思考、重新解释威胁以降低其负面影响，让自己冷静下来，等等（Han et al.，2015）。

现有消费者行为学领域关于应对方式的研究主要关注何种因素会影响消费者应对方式的选择，进而影响其消费偏好。这些因素具体包括以下方面。①威胁本身的特征。威胁的来源以及威胁的不同类型会影响消费者采取何种应对策略。Han 等（2015）的研究指出与智力和死亡有关的威胁会激活个体的趋近动机，进而激发个体采用问题聚焦的应对策略；相反，丧失个人控制感和受到社会排斥则会激活个体的回避动机，进而促使个体采用情绪聚焦的应对方式。②情境因素。情境因素也会影响消费者对威胁的感知，进而影响其信息加工方式和认知方式，促使消费者采用不同的应对策略。例如，杜建刚等（2019）在研究悲伤情绪对消费者食物偏好的影响中发现，当消费者将引发悲伤情绪的原因进行内部归因时，他们更倾向于采用问题聚焦的应对方式，通过理性认知的角度进行思考，进而更加偏好健康的食物；而当消费者将引发悲伤情绪的原因进行外部归因时，他们更倾向于采用情绪聚焦的应对方式，偏好情绪放纵和逃离，进而选择非健康食物。③消费者特质。消费者特质与其行为决策之间具有一致性，因此消费者自身的不同特质也会影响消费者在面对不同威胁时所选择的应对策略。例如，赵太阳（2018）的研究发现，在自我威胁的情境下，控制源为内控的消费者更倾向于采用问题聚焦的应对方式，进而选择自我成长型产品；而控制源为外控的消费者更倾向于采用情绪聚焦的应对方式，进而选择自我享乐型产品。④情绪因素。负面情绪会引发消费者的消极心理体验，进而促使他们采取相应的措施加以应对，已有研究发现不同的负面情绪类型会诱发不同的应对策略。例如，Duhachek 等（2012）通过研究发现，内疚的情绪使人们更加重视问题，进而选择问题聚焦的应对方式；而羞耻的情绪会使消费者更加注重情感，进而选择情绪聚焦的应对方式。

在研究之初，我们试图用已有的应对性理论去解释消费者对本体安全感威胁应对性消费的心理机制，但发现这些理论并不能很好地解释本体安全感威胁的独特性。例如，在消费者行为研究领域最具影响力的是 DeLongis 等（1988）基于压力情境而提出的"问题聚焦应对"和"情绪聚焦应对"

理论（Han et al.，2015；Zhao et al.，2020）。但在前期研究中我们发现，相比其他类型的威胁，当消费者面对本体安全感威胁时，他们更倾向于认为这种威胁是无法直接解决的。例如，面对灾难事件所造成的本体安全感威胁时，大多数被访者认为，这种威胁是无法靠个人力量和行动去解决的，只能通过做好各种准备以抵挡威胁带来的影响和调整自己的生活状态，这一点与他们日常面临的压力情境有所区别。因此，用于解释个体面对压力的"问题聚焦应对"的策略便不再适合解释个体对本体安全感威胁的应对方式。

基于前期研究的结果，我们发现：面对本体安全感威胁所导致的变化时，有些人倾向于抵御这种变化，维持原有的生活状态；而有些人则倾向于顺应这种变化，重构新的生活状态。因此，基于该标准，我们拟将个体对本体安全感威胁的应对方式区分为"防御性应对"和"顺应性应对"两种，并基于该区分方式建构消费者对本体安全感威胁的双元应对理论。防御性应对指个体企图通过一系列行动来抵御本体安全感威胁可能带来的影响，从而维持或恢复威胁产生前的生活与心理状态的努力。而顺应性应对指个体在认可本体安全感威胁已经对其产生较大影响的条件下，通过一系列行动适应这种负面影响，以重构其生活与心理状态的努力。本书认为，当个体采取以上两种不同的应对方式时，他们所进行的应对性消费选择也会有所区别。值得注意的是，防御性应对和顺应性应对仅仅是一个类别性的区分，它们都包含一簇具体应对方式的集合，即无论是防御性应对还是顺应性应对都包含着多种具体的应对策略，在后续的研究中我们将对这些具体的应对策略进行进一步揭示。

三 划分本体安全感威胁情境下消费者行为的类型

尽管本书研究了五种类型的消费行为，但在已有文献中对消费者会采取何种消费行为来应对不同形式的本体安全感威胁也缺乏系统的归纳和梳理。因此，未来研究的另一个方向是"挖掘和总结消费者对本体安全感威胁进行应对性消费的具体形式和行为指标，并将其归纳成几个具有概括性的理论维度"，这将有利于我们以结构化的方式把握消费者在本体安全感威胁情境下的应对性消费行为。下面我们将以"资源获取型消费"和"心理适应型消费"为例阐释消费行为类型划分的逻辑。

资源获取型消费指消费者通过积累和获取各种物质、社会和人力资源来抵御、降低本体安全感威胁负面影响的应对性行为。我们在对前期资料的分析中发现，消费者获取和储备资源是他们抵御本体安全感威胁的重要方式。首先，物质资源是消费者资源获取型消费中最常见的类型。例如，面对本体安全感威胁时，消费者可能会追求消费效用在经济价值上的最大化，在消费时表现出对商品的稀缺属性和功能属性的偏好，还可能通过降低消费支出来储备更多的经济资源，或者增加对可长期保存商品的购买等。这些方式都有利于消费者通过获取物质资源来应对本体安全感威胁的影响。其次，除了物质资源外，社会资源也有利于消费者抵御本体安全感威胁的影响。因此，他们也可能通过增强社会联系和寻求社会归属的方式来获取社会资源。这种倾向在消费行为上可具体表现为：亲社会消费和加强人际互动的关系型消费的增加，更偏好内群体的商品和品牌，等等。最后，提升个人能力和健康等应对外在威胁的人力资源也是消费者常见的应对方式，具体可表现为自我提升消费、健康消费和教育消费的增加。

心理适应型消费是指消费者通过增强心理效能、寻求心理抚慰和寻求意义感等方式来适应本体安全感威胁所产生的负面影响的应对性消费行为。首先，效能提升性的消费是个体常用的心理适应策略。这是由于本体安全感威胁会给个体带来无力感，因此他们可能会通过尝试提升自己应对困难的心理效能的方式来缓解威胁的负面影响。例如，他们可能会通过象征自己在某方面具有资源和能力的符号消费、地位消费来提升自己内心的效能感，还可能通过偏好他们认为能够给自己带来幸运的商品恢复面对负面事件的心理效能。其次，寻求情绪上的抚慰也是消费者应对本体安全感威胁时心理适应的重要方式，这可能会导致他们通过怀旧消费来寻求情感上的依恋，通过享乐消费来恢复积极情绪，甚至通过沉溺消费来逃避现实等。最后，由于意义感对于个体维持和重构生活具有重要价值，因此在面临本体安全感威胁时，消费者也可能通过获取意义感来完成心理上的调整与适应，具体会表现为他们对体验消费、仪式感消费和创造性消费的增加。

总之，在本体安全感和消费者行为的研究领域有诸多研究问题值得研究者去挖掘，这是一个有丰富研究潜力和研究价值的领域。

参考文献

一 中文参考文献

曹虹剑、姚炳洪，2003，《对从众消费行为的分析与思考》，《消费经济》第 5 期。

曹艳春，2017，《论社会保障制度中贫困群体的稀缺心态及其破解——基于经济学、社会学和心理学跨学科的分析视角》，《浙江社会科学》第 5 期。

陈文涛、桑青松，2009，《大学生消费从众心理差异性调查研究》，《心理研究》第 1 期。

陈增祥等，2014，《怀旧弱化中国消费者对外国品牌的评价：物质主义的中介作用》，《营销科学学报》第 3 期。

杜建刚等，2019，《基于归因理论的悲伤情绪对消费者食物偏好影响研究》，《管理学报》第 10 期。

段明明，2014，《基于恐怖管理理论的死亡焦虑与消费行为研究述评》，《外国经济与管理》第 3 期。

郭文秀等，2020，《基于结构方程模型的老年人健康消费行为及其影响因素》，《中国老年学杂志》第 19 期。

贺远琼等，2016，《消费者心理逆反研究现状与展望》，《外国经济与管理》第 2 期。

金晓彤等，2017，《地位感知变化对消费者地位消费行为的影响》，《心理学报》第 2 期。

康力、陈洁，2017，《自我损耗与情绪调控对学生健康消费选择的影响》，《上海交通大学学报》（医学版）第 5 期。

乐国安、沈杰，2001，《20 世纪 80 年代以来中国社会心理学的基本理论研究》，《南开学报》第 2 期。

李东进、刘建新，2016，《产品稀缺诉求影响消费者购买意愿的双中介模型》，《管理科学》第 3 期。

李海江等，2011，《低自尊个体对拒绝信息的注意偏向：来自 ERP 的证据》，中国心理学会成立 90 周年纪念大会暨第十四届全国心理学学术会议论文，陕西西安。

李慧，2020，《影响健康消费发展的个体与家庭因素研究——基于 CFPS 微观调查数据江苏样本的考察》，《经济问题》第 5 期。

李颖，2004，《青少年从众心理的社会学分析》，《教育评论》第 1 期。

蔺国伟等，2015，《参照群体对中国消费者海外旅游购物趋同行为的影响》，《资源科学》第 11 期。

刘颖，2004，《突发事件中消费心理的分析与扩大消费需求——以"非典"流行期间消费现象为例》，《贵州财经学院学报》第 1 期。

柳武妹等，2014，《人之将尽，消费国货？死亡信息的暴露增加国货选择的现象、中介和边界条件解析》，《心理学报》第 11 期。

卢长宝等，2013，《奢侈品消费特性构成维度的理论模型》，《管理评论》第 5 期。

陆可心等，2019，《恐惧管理中死亡焦虑不同防御机制之间的关系》，《心理科学进展》第 2 期。

冉雅璇，2019，《品牌仪式：形成与效应》，中国社会科学出版社。

冉雅璇、卫海英，2017，《品牌仪式如何形成？——基于扎根理论的探索性研究》，《经济管理》第 12 期。

冉雅璇等，2018，《心理学视角下的人类仪式：一种意义深远的重复动作》，《心理科学进展》第 1 期。

沈煜、孙文凯，2020，《污染信息公开如何影响健康消费决策》，《世界经济》第 7 期。

时勘等，2003，《我国民众对 SARS 信息的风险认知及心理行为》，《心理学报》第 4 期。

〔法〕塔尔德，加布里埃尔，2008，《模仿律》，何道宽译，中国人民大学出版社。

田甜，2011，《消费者知识对大学生从众行为影响的实证研究》，硕士学位论文，西南财经大学。

王炼、贾建民，2014，《突发性灾害事件风险感知的动态特征——来自网络搜索的证据》，《管理评论》第 5 期。

王雁飞，2004，《社会支持与身心健康关系研究述评》，《心理科学》第 5 期。

王增福，2016，《我国居民医疗保健消费的状况及影响因素研究》，硕士学位论文，兰州大学。

翁智刚等，2011，《基于恐怖管理理论的灾后消费行为及群体归属感研究》，《中国软科学》第 1 期。

吴浩、秦博，2015，《身体状况、安全意识与居民健康消费》，《消费经济》第 5 期。

谢聪等，2018，《基于省际面板分位数回归的中国城乡居民医疗保健支出影响因素分析》，《中国卫生统计》第 1 期。

徐岚等，2020，《最心安处是吾乡：本体安全感威胁对家乡品牌偏好的影响》，《心理学报》第 4 期。

薛海波，2015，《品牌仪式：打造粉丝忠诚的利器》，《清华管理评论》第 C1 期。

晏国祥，2006，《消费体验理论述评》，《财贸研究》第 6 期。

赵宝春，2016，《非伦理消费情景下感知风险对行为意愿的影响：直接经验的调节作用》，《管理评论》第 2 期。

赵太阳，2018，《自我威胁情境下控制感对消费者商品选择偏好和消费倾向的影响研究》，博士学位论文，吉林大学。

庄玮等，2018，《基于需求侧的健康产业链整合发展模式探析》，《中国卫生经济》第 12 期。

左世江等，2016，《意义维持模型：理论发展与研究挑战》，《心理科学进展》第 1 期。

左新荣，2002，《论健康消费的社会结构》，《安徽师范大学学报》（自然科学版）第 4 期。

二 英文参考文献

Abeles, R. P. , 1991, "Sense of control, quality of life, and frail older people", *The Concept and Measurement of Quality of Life in the Frail Elderly*, edited by Birren, J. , Lubben, J. , Rowe, J. , Deutschman, D. (San Diego: Academic Press), pp. 297–314.

Ai, A. L. , Tice, T. N. , Peterson, C. , Huang, B. , 2005, "Prayers, spiritual support, and positive attitudes in coping with the September 11 national crisis", *Journal of Personality* 73 (3), pp. 763–792.

Aknin, L. B. , Norton, M. I. , Dunn, E. W. , 2009, "From wealth to well-being? Money matters, but less than people think", *Journal of Positive Psychology* 4 (6), pp. 523–527.

Alcorta, C. S. , Sosis, R. , 2005, "Ritual, emotion, and sacred symbols", *Human Nature* 16 (4), pp. 323–359.

Allen, V. L. , 1965, "Situational factors in conformity", *Advances in Experimental Social Psychology* (2), pp. 133–175.

Ambrey, C. L. , Bosman, C. , Ballard, A. , 2017, "Ontological security, social connectedness and the well-being of Australia's ageing baby boomers", *Housing Studies* 33 (5), pp. 777–812.

Anastasi, M. W. , Newberg, A. B. , 2008, "A preliminary study of the acute effects of religious ritual on anxiety", *The Journal of Alternative and Complementary Medicine* 14 (2), pp. 163–165.

Antonovsky, A. , 1979, *Health, Stress, and Coping* (San Francisco: Jossey-Bass).

Areni, C. , 2019, "Ontological security as an unconscious motive of social media users", *Journal of Marketing Management* 35 (1–2), pp. 75–96.

Armstrong-Hough, M. J. , 2015, "Performing prevention: Risk, responsibility, and reorganising the future in Japan during the H1N1 pandemic", *Health, Risk & Society* 17 (3–4), pp. 285–301.

Arndt, J. , Schimel, J. , Goldenberg, J. L. , 2003, "Death can be good for your health: Fitness intentions as a proximal and distal defense against mortality salience", *Journal of Applied Social Psychology* 33 (8), pp. 1726-1746.

Arndt, J. , Solomon, S. , Sheldon, K. K. M. , 2004, "The urge to splurge: A terror management account of materialism and consumer behavior", *Journal of Consumer Psychology* 14 (3), pp. 198-212.

Arnould, E. J. , Price, L. L. , 1993, "River magic: Extraordinary experience and the extended service encounter", *Journal of Consumer Research* 20 (1), pp. 24-45.

Asch, S. E. , 1946, "Forming impressions of personality", *Journal of Abnormal and Social Psychology* 41 (3), pp. 258-290.

Asch, S. E. , 1952, "Effects of group pressure upon the modification and distortion of judgements", *Social Psychology*, edited by Asch, S. E. (New York: Prentice-Hall).

Aschenbrenner, K. M. , Biehl, B. , 1994, "Empirical studies regarding risk compensation in relation to antilock braking systems", *Challenges to Accident Preventions : The Issue of Risk Compensation Behaviour. Groningen*, edited by Trimpop, R. M. , Wilde, G. J. S. (The Netherlands: Styx).

Barrera, M. , 1986, "Distinctions between social support concepts, measures, and models", *American Journal of Community Psychology* 14 (4), pp. 413-445.

Bastos, W. , Brucks, M. , 2017, "How and why conversational value leads to happiness for experiential and material purchases", *Journal of Consumer Research* 44 (3), pp. 598-612.

Baumeister, R. F. , Campbell, J. D. , Krueger, J. I. , et al. , 2003, "Does high self-esteem cause better performance, interpersonal success, happiness, or healthier lifestyles?", *Psychological Science in the Public Interest* 4 (1), pp. 1-44.

Baumeister, R. F. , Leary, M. R. , 1995, "The need to belong: Desire for interpersonal attachments as a fundamental human motivation", *Psychological*

Bulletin 117 (3), pp. 497-529.

Baumeister, T. R., 1990, "Suicide as escape from self", *Psychological Review* 97 (1), pp. 90-113.

Bearden, W. O., Etzel, M. J., 1982, "Reference group influence on product and brand purchase decisions", *Journal of Consumer Research* 9 (2), pp. 183-194.

Bearden, W. O., Rose, R. L., 1990, "Attention to social comparison information: An individual difference factor affecting consumer conformity", *Journal of Consumer Research* 16 (4), pp. 461-471.

Becker, E., 1971, "The birth and death of meaning", *British Journal of Psychiatry* 40 (3), pp. 351-355.

Becker, E., 1973, *The Denial of Death* (New York: Academic Press).

Becker, E., 1975, *Escape from Evil* (New York: Academic Press).

Berger, J., Chip, H., 2007, "Where consumers diverge from others: Identity signaling and product domains", *Journal of Consumer Research* 34 (2), pp. 121-134.

Berger, J. A., Rand, L., 2008, "Shifting signals to help health: Using identity-signaling to reduce risky health behaviors", *Social Science Electronic Publishing* 35 (3), pp. 509-518.

Berkowitz, L., 1957, "Effects of perceived dependency relationships upon conformity to group expectations", *Journal of Abnormal and Social Psychology* 55 (3), pp. 350-354.

Bernheim, B. D., 1994, "A theory of conformity", *Journal of Political Economy* 102 (5), pp. 841-877.

Bollen, K. A., & Stine, R. A., 1992, "Bootstrapping goodness-of-fit measures in structural equation models", *Sociological Methods & Research*, 21 (2), pp. 205-229.

Bolton, D., 2020, "Targeting ontological security: Information warfare in the modern age", *Political Psychology* 42 (1), pp. 127-142.

Boyer, P., Liénard, P., 2006, "Why ritualized behavior? Precaution systems and action parsing in developmental, pathological and cultural rituals", *Behavioral and Brain Sciences* 29, pp. 595-613.

Bradford, T. W. , Sherry, J. F. , 2015, "Domesticating public space through ritual: Tailgating as vestaval", *Journal of Consumer Research* 42 (1), pp. 130-151.

Brehm, J. W. , 1981, *Psychological Reactance : A Theory of Freedom and Control* (New York: Academic Press).

Brehm, J. W. , 2007, "A brief history of dissonance theory", *Social and Personality Psychology Compass* 1 (1), pp. 381-391.

Brock, T. C. , 1968, "Implications of commodity theory for value change", *Psychological Foundations of Attitudes*, edited by Greenwald, A. G. , Brock, T. C. , Ostrom, T. M. (New York: Academic Press).

Brock, T. C. , Brannon, L. A. , 1992, "Liberalization of commodity theory", *Basic and Applied Social Psychology* 13 (1), pp. 135-144.

Brooks, A. W. , Schroeder, J. , Risen, J. L. , Gino, F. , Galinsky, A. D. , Norton, M. I. , Schweitzer, M. E. , 2016, "Don't stop believing: Rituals improve performance by decreasing anxiety", *Organizational Behavior and Human Decision Processes* 137, pp. 71-85.

Buehler, R. , Griffin, D. , Ross, M. , 1994, "Exploring the 'planning fallacy': Why people underestimate their task completion times", *Journal of Personality and Social Psychology* 67 (3), pp. 366-381.

Burke, B. L. , Martens, A. , Faucher, E. H. , 2010, "Two decades of terror management theory: A meta-analysis of mortality salience research", *Personality and Social Psychology Review* 14 (2), pp. 155-195.

Burns, W. J. , Slovic, P. , 2012, "Risk perception and behaviors: Anticipating and responding to crises", *Risk Analysis* 32 (4), pp. 579-582.

Cafri, G. , Thompson, J. K. , Jacobsen, P. B. , et al. , 2009, "Investigating the role of appearance-based factors in predicting sunbathing and tanning salon use", *Journal of Behavioral Medicine* 32 (6), pp. 532-544.

Campbell, M. C., Inman, J. J., Kirmani, A., Price, L. L., 2020, "In times of trouble: A framework for understanding consumers' responses to threats", *Journal of Consumer Research* 47 (3), pp. 311-326.

Caprariello, P. A., Reis, H. T., 2013, "To do, to have, or to share? Valuing experiences over material possessions depends on the involvement of others", *Journal of Personality and Social Psychology* 104 (2), pp. 199-215.

Carter, T. J., Gilovich, T., 2010, "The relative relativity of material and experiential purchases", *Journal of Personality and Social Psychology* 98 (1), pp. 146-159.

Carter, T. J., Gilovich, T., 2012, "I am what I do, not what I have: The differential centrality of experiential and material purchases to the self", *Journal of Personality and Social Psychology* 102 (6), pp. 1304-1317.

Carvallo, M., Pelham, B. W., 2006, "When fiends become friends: The need to belong and perceptions of personal and group discrimination", *Journal of Personality and Social Psychology* 90 (1), pp. 94-108.

Chambers, J. R., Suls, J., 2007, "The role of egocentrism and focalism in the emotion intensity bias", *Journal of Experimental Social Psychology* 43 (4), pp. 618-625.

Chambers, J. R., Windschitl, P. D., 2004, "Biases in social comparative judgments: The role of nonmotivated factors in above-average and comparative-optimism effects", *Psychological Bulletin* 130 (5), pp. 813-838.

Chan, C., Mogilner, C., 2017, "Experiential gifts foster stronger social relationships than material gifts", *Journal of Consumer Research* 43 (6), pp. 913-931.

Chan, K., Prendergast, G., 2007, "Materialism and social comparison among adolescents", *Social Behavior and Personality: An International Journal* 35 (2), pp. 213-228.

Chandon, P., Wansink, B., 2007, "The biasing health halos of fast-food restaurant health claims: Lower calorie estimates and higher side-dish consumption intentions", *Journal of Consumer Research* 34 (3), pp. 301–314.

Chapman, R. L., Buckley, L., Sheehan, M., et al., 2013, "School-based programs for increasing connectedness and reducing risk behavior: A systematic review", *Educational Psychology Review* 25 (1), pp. 95–114.

Chase, E., 2013, "Security and subjective wellbeing: The experiences of unaccompanied young people seeking asylum in the UK", *Sociology of Health & Illn* 35 (6), pp. 858–872.

Chen, L. H., Baker, S. P., Braver, E. R., et al., 2000, "Carrying passengers as a risk factor for crashes fatal to 16-and 17-year-old drivers", *The Journal of the American Medical Association* 283 (12), pp. 1578–1582.

Chen, R. P., Wan, E. W., Levy, E., 2017, "The effect of social exclusion on consumer preference for anthropomorphized brands", *Journal of Consumer Psychology* 27 (1), pp. 23–34.

Chernobrov, D., 2016, "Ontological security and public (mis) recognition of international crises: Uncertainty, political imagining, and the self", *Political Psychology* 37 (5), pp. 581–596.

Choudhry, R. M., Fang, D., 2008, "Why operatives engage in unsafe work behavior: Investigating factors on construction sites", *Safety Science* 46 (4), pp. 566–584.

Christopher, A. N., Morgan, R. D., Marek, P., et al., 2005, "Materialism and self-presentational styles", *Personality and Individual Differences* 38 (1), pp. 137–149.

Cialdini, R. B., Goldstein, N. J., 2004, "Social influence: Compliance and conformity", *Annual Review of Psychology* 55 (1), pp. 591–621.

Cooper, D., 2003, "Psychology, risk and safety: Understanding how personality and perception can influence risk taking", *Professional Safety* 48 (11), pp. 39–46.

Crossman, E. B., 1972, "Shooting. Fifth in a series on the little known Olympic sports", *Journal of Health Physical Education and Recreation* 27 (19/20), pp. 1886-1908.

Cutright, K. M. , 2012, "The beauty of boundaries: When and why we seek structure in consumption", *Journal of Consumer Research* 38 (5), pp. 775-790.

Cutright, K. M. , Adriana, S. , 2014, "Doing it the hard way: How low control drives preferences for high-effort products and services", *Journal of Consumer Research* 41 (3), pp. 730-745.

Cutright, K. M. , Bettman, J. R. , Fitzsimons, G. J. , 2013, "Putting brands in their place: How a lack of control keeps brands contained", *Journal of Marketing Research* 50 (3), pp. 365-377.

Davidson, L. , Johnson, A. , 2012, "Providing safety in the midst of psychosis: An interpersonal dimension of recovery", *Psychosis* 6 (1), pp. 77-79.

Davis, L. L. , Miller, F. G. , 2010, "Conformity and judgments of fashionability", *Family and Consumer Sciences Research Journal* 11 (4), pp. 337-342.

DeJoy, D. M. , 1996, "Theoretical models of health behavior and workplace self-protective behavior", *Journal of Safety Research* 27 (2), pp. 61-72.

DeLongis, A. , Folkman, S. , Lazarus, R. S. , 1988, "The impact of daily stress of health and mood: Psychological and social resources as moderators", *Journal of Personality and Social Psychology* 54 (3), pp. 486-495.

Deutsch, M. , Gerard, H. B. , 1955, "A study of normative and informational social influences upon individual judgment", *Journal of Abnormal and Social Psychology* 51 (3), pp. 629-636.

Duhachek, A. , Agrawal, N. , Han, D. , 2012, "Guilt versus shame: coping, fluency, and framing in the effectiveness of responsible drinking messages", *Journal of Marketing Research* 49 (6), pp. 928-941.

Duhachek, A. , Oakley, J. L. , 2007, "Mapping the hierarchical structure of coping: unifying empirical and theoretical perspectives", *Journal of Consumer Psychology* 17 (3), pp. 216-233.

Dunn, E. W. , Weidman, A. C. , 2015, "Building a science of spending: Lessons from the past and directions for the future", *Journal of Consumer Psychology* 25 (1), pp. 172–178.

Dupuis, A. , Thorns, D. C. , 1998, "Home, home ownership and the search for ontological security", *The Sociological Review* 46 (1), pp. 24–47.

Dweck, C. S. , Chiu, C. , Hong, Y. , 1995, "Implicit theories and their role in judgments and reaction: A world from two perspectives", *Psychological Inquiry* 6 (4), pp. 267–285.

Easthope, H. , Liu, E. , Judd, B. , Burnley, I. , 2015, "Feeling at home in a multigenerational household: The importance of control", *Housing, Theory and Society* 32 (2), pp. 151–170.

Eisend, M. , 2008, "Explaining the impact of scarcity appeals in advertising: The mediating role of perceptions of susceptibility", *Journal of Advertising* 37 (3), pp. 33–40.

Erbsland, M. , Ried, W. , Ulrich, V. , 1995, "Health, health care, and the environment: Econometric evidence from German micro data", *Health Economics* 4 (3), pp. 69–182.

Escalas, J. E. , Bettman, J. R. , 2003, "You are what they eat: The influence of reference groups on consumers' connections to brands", *Journal of Consumer Psychology* 13 (3), pp. 339–348.

Ferraro, R. , Shiv, B. , Bettman, J. R. , 2005, "Let us eat and drink, for tomorrow we shall die: Effects of mortality salience and self-esteem on self-regulation in consumer choice", *Journal of Consumer Research* 32 (1), pp. 65–75.

Festinger, L. , 1957, *A Theory of Cognitive Dissonance* (US: Stanford University Press).

Fiese, B. H. , Kline, C. A. , 1993, "Development of the family ritual questionnaire: Initial reliability and validation studies", *Journal of Family Psychology* 6 (3), pp. 290–299.

Fisher, J. D., Misovich, S. J., 1990, "Evolution of college students' AIDS-related behavioral responses, attitudes, knowledge, and fear", *AIDS Education and Prevention* 2 (4), pp. 322–337.

Fisher, R. J., Price, L. L., 1992, "An investigation into the social context of early adoption behavior", *Journal of Consumer Research* 19 (3), pp. 477–486.

Fournier, S., Richins, M., 1991, "Some theoretical and popular notions concerning materialism", *Journal of Social Behavior and Personality* 6 (6), pp. 403–414.

Friedman, M., Rholes, W. S., 2007, "Successfully challenging fundamentalist beliefs results in increased death awareness", *Journal of Experimental Social Psychology* 43 (5), pp. 794–801.

Friedman, O., 1990, *Introduction to Social Psychology* (California: Wadeworth, Inc).

Fritsche, I., Jonas, E., Fankhänel, T., 2008, "The role of control motivation in mortality salience effects on ingroup support and defense", *Journal of Personality and Social Psychology* 95 (3), pp. 524–541.

Fromm, E., 1976, "To have or to be?", *World Perspectives*, edited by Anshen, R. N. (New York: Harper and Row).

Gainer, B., 1995, "Ritual and relationships: Interpersonal influences on shared consumption", *Journal of Business Research* 32 (3), pp. 253–260.

Gallo, I., Sood, S., Mann, T. C., et al., 2017, "The heart and the head: On choosing experiences intuitively and possessions deliberatively", *Journal of Behavioral Decision Making* 30 (3), pp. 754–768.

Gazit, O., 2020, "What it means to (mis) trust: Forced migration, ontological (in) security, and the unrecognized political psychology of the Israeli-Lebanese conflict", *Political Psychology* 42 (3), pp. 389–406.

Ger, G., Belk, R. W., 1996, "Cross-cultural differences in materialism", *Journal of Economic Psychology* 17 (1), pp. 55–77.

Gerdtham, U. G. , Søgaard, J. , Andersson, F. , et al. , 1992, "An econometric analysis of health care expenditure: A cross-section study of the OECD countries", *Journal of Health Economics* 11 (1), pp. 63-84.

Gierl, H. , Huettl, V. , 2010, "Are scarce products always more attractive? The interaction of different types of scarcity signals with products' suitability for conspicuous consumption", *International Journal of Research in Marketing* 27 (3), pp. 225-235.

Goldsmith, R. E. , Clark, R. A. , 2012, "Materialism, status consumption, and consumer independence", *Journal of Social Psychology* 152 (1), pp. 43-60.

Greenberg, J. , Pyszczynski, T. , Solomon, S. , et al. , 1993, "Effects of self-esteem on vulnerability-denying defensive distortions: Further evidence of an anxiety-buffering function of self-esteem", *Journal of Experimental Social Psychology* 29 (3), pp. 229-251.

Greenberg, J. , Solomon, S. , Pyszczynski, T. , 1997, "Terror management theory of self-esteem and cultural worldviews: Empirical assessments and conceptual refinements", *Advances in Experimental Social Psychology* 29 (8), pp. 61-139.

Griffin, D. , Buehler, R. , 1993, "Role of construal processes in conformity and dissent", *Journal of Personality and Social Psychology* 65 (4), pp. 657-669.

Griskevicius, V. , Goldstein, N. J. , Mortensen, C. R. , et al. , 2006, "Going along versus going alone", *Journal of Personality and Social Psychology* 91 (2), pp. 281-294.

Griskevicius, V. , Tybur, J. M. , Gangestad, S. W. , et al. , 2009, "Aggress to impress: Hostility as an evolved context-dependent strategy", *Journal of Personality and Social Psychology* 96 (5), pp. 980-994.

Gucer, P. W. , Oliver, M. , McDiarmid, M. , 2003, "Workplace threats to health and job turnover among women workers", *Journal of Occupational and Environmental Medicine* 45 (7), pp. 683-690.

Gupta, S. , Gentry, J. W. , 2019, " ' Should I buy, hoard, or hide?' —Consumers' responses to perceived scarcity", *The International Review of Retail Distribution and Consumer Research* 29 （2）, pp. 1-20.

Hamerman, E. J., Johar, G. V., 2013, "Conditioned superstition: Desire for control and consumer brand preferences", *Journal of Consumer Research* 40 （3）, pp. 428-443.

Han, D. H., Duhachek, A., Rucker, D. D., 2015, "Distinct threats, common remedies: How consumers cope with psychological threat", *Journal of Consumer Psychology* 25 （4）, pp. 531-545.

Haney, T. J., Gray-Scholz, D., 2020, "Flooding and the 'new normal': What is the role of gender in experiences of post-disaster ontological security?", *Disasters* 44 （2）, pp. 262-284.

Harman, D., 1967, "A single factor test of common method variance", *The Journal of Psychology Interdisciplinary and Applied* 35, pp. 359-378.

Harmon-Jones, E., Simon, L., Greenberg, J., et al., 1997, "Terror management theory and self-esteem: Evidence that increased self-esteem reduces mortality salience effects", *Journal of Personality and Social Psychology* 72 （1）, pp. 24-36.

Harries, T., 2008, "Feeling secure or being secure? Why it can seem better not to protect yourself against a natural hazard", *Health, Risk & Society* 10 （5）, pp. 479-490.

Harris, P. R., Napper, L., 2005, "Self-affirmation and the biased processing of threatening health-risk information", *Personality and Social Psychology Bulletin* 31 （9）, pp. 1250-1263.

Hawkins, R. L., Maurer, K., 2011, "'You fix my community, you have fixed my life': The disruption and rebuilding of ontological security in New Orleans", *Disasters* 35 （1）, pp. 143-159.

Hayes, A. F., 2013, *Introduction to Mediation, Moderation, and Conditional Process Analysis: A Regression-based Approach* （New York, NY: The Guilford Press）.

Hayes, A. F., Scharkow, M., 2013, "The relative trustworthiness of inferential tests of the indirect effect in statistical mediation analysis: Does method really matter?", *Psychological Science* 24 (10), pp. 1918-1927.

Heatherton, T. F., Baumeister, R. F., 1991, "Binge eating as escape from self-awareness", *Psychological Bulletin* 110 (1), pp. 86-108.

Heider, F., 1958, *The Psychology of Interpersonal Relations* (New York: John Wiley and Sons).

Heine, S. J., Proulx, T., Vohs, K. D., 2006, "The meaning maintenance model: On the coherence of social motivations", *Personality and Social Psychology Review* 10 (2), pp. 88-110.

Herzenstein, M., Horsky, S., Posavac, S. S., 2015, "Living with terrorism or withdrawing in terror: Perceived control and consumer avoidance", *Journal of Consumer Behaviour* 14 (4), pp. 228-236.

Hobson, N. M., Juliana, S., Risen, J. L., Xygalatas, D., Inslicht, M., 2018, "The psychology of rituals: An integrative review and process-based framework", *Personality and Social Psychology Review* 22 (3), pp. 260-284.

Hoffman, M. L., 2002, "How automatic and representational is empathy, and why", *Behavioral and Brain Sciences* 25 (1), pp. 38-39.

Hofmann, W., Koningsbruggen, G. M. V., Stroebe, W., et al., 2010, "As pleasure unfolds: Hedonic responses to tempting food", *Psychological Science* 21 (12), pp. 1863-1870.

Holbrook, M. B., 2000, "The millennial consumer in the texts of our times: Experience and entertainment", *Journal of Macromarketing* 20 (2), pp. 178-192.

Homans, G. C., 1941, "Anxiety and ritual: The theories of Malinowski and Radcliffe-Brown", *American Anthropologist* 43 (2), pp. 164-172.

Hong, Y., Chiu, C., Dweck, C. S., Lin, D. M., Wan, W., 1999, "Implicit theories, attributions, and coping: A meaning system approach", *Journal of Personality and Social Psychology* 77 (3), pp. 588-599.

Howell, R. T., Hill, G., 2009, "The mediators of experiential purchases: Determining the impact of psychological needs satisfaction and social comparison", *The Journal of Positive Psychology* 4 (6), pp. 511-522.

Howell, R. T. , Pchelin, P. , Iyer, R. , 2012, "The preference for experiences over possessions: Measurement and construct validation of the experiential buying tendency scale", *The Journal of Positive Psychology* 7 (1), pp. 57-71.

Hsee, C. K. , Kunreuther, H. C. , 2000, "The affection effect in insurance decisions", *Journal of Risk and Uncertainty* 20 (2), pp. 141-159.

Huang, H. , 2021, "Workers' acquiescence to air pollution: A qualitative study of coal miners in China", *Society & Natural Resources* 36 (9), pp. 1-17.

Huang, N. , Burtch, G. , Hong, Y. , et al. , 2016, "Effects of multiple psychological distances on consumer evaluation: A field study of online reviews", *Journal of Consumer Psychology* 26 (4), pp. 474-482.

Hubbard, E. M. , Piazza, M. , Pinel, P. , et al. , 2005, "Interactions between number and space in parietal cortex", *Nature Reviews Neuroscience* 6 (6), pp. 435-448.

Hui, M. K. , Bateson, J. E. G. , 1991, "Perceived control and the effects of crowding and consumer choice on the service experience", *Journal of Consumer Research* 18 (2), pp. 174-184.

Hwang, Y. , Kim, D. J. , 2007, "Understanding affective commitment, collectivist culture, and social influence in relation to knowledge sharing in technology mediated learning", *IEEE Transactions on Professional Communication* 50 (3), pp. 232-248.

Infurna, F. J. , Gerstorf, D. , Ram, N. , et al. , 2011, "Long-term antecedents and outcomes of perceived control", *Psychology and Aging* 26 (3), pp. 559-575.

Inman, J. J. , Dyer, J. S. , Jia, J. , 1997, "A generalized utility model of disappointment and regret effects on post-choice valuation", *Marketing Science* 16 (2), pp. 97-111.

Jacobs, J. L. , 1989, "The effects of ritual healing on female victims of abuse: A study of empowerment and transformation", *Sociological Analysis* 50 (3), pp. 265-279.

Janoff-Bulman, R. , 1992, *Shattered Assumptions : Towards a New Psychology of Trauma* (New York: The Free Press).

Jin, X. , Li, J. , Song, W. , et al. , 2020, "The impact of COVID-19 and public health emergencies on consumer purchase of scarce products in China", *Frontiers in Public Health* 8, p. 617166.

Johnson, E. J. , Hershey, J. , Meszaros, J. , et al. , 1993, "Framing, probability distortions, and insurance decisions", *Journal of Risk and Uncertainty* 7 (1), pp. 35-51.

Jones, E. E. , Davis, K. E. , 1965, "From acts to dispositions the attribution process in person perception", *Advances in Experimental Social Psychology* 2 (4), pp. 219-266.

Kahneman, D. , Deaton, A. , 2010, "High income improves evaluation of life but not emotional well-being", *Proceedings of the National Academy of Sciences of the United States of America* 107 (38), pp. 16489-16493.

Kasperson, R. E. , Renn, O. , Slovic, P. , et al. , 1988, "The social amplification of risk: A conceptual framework", *Risk Analysis* 8 (2), pp. 177-187.

Kassarjian, H. H. , Robertson, T. S. , 1991, *Perspectives in Consumer Behavior* (US: Prentice Hall).

Kasser, T. , Ahuvia, A. , 2002, "Materialistic values and well-being in business students", *European Journal of Social Psychology* 32 (1), pp. 137-146.

Kasser, T. , Sheldon, K. M. , 2000, "Of wealth and death: Materialism, mortality salience, and consumption behavior", *Psychological Science* 11 (4), pp. 348-351.

Kay, A. C. , Moscovitch, D. A. , Laurin, K. , 2010a, "Randomness, attributions of arousal, and belief in God", *Psychological Science* 21 (2), pp. 216-218.

Kay, A. C. , Shepherd, S. , Blatz, C. W. , et al. , 2010b, "For God (or) country: The hydraulic relation between government instability and belief in religious sources of control", *Journal of Personality and Social Psychology* 99 (5), pp. 725-739.

Kay, A. C. , Whitson, J. A. , Gaucher, D. , et al. , 2010c, "Compensatory control: Achieving order through the mind, our institutions, and the heavens", *Current Directions in Psychological Science* 18 (5), pp. 264-268.

Keating, D. P. , Halpern-Felsher, B. L. , 2008, "Adolescent drivers: A developmental perspective on risk, proficiency, and safety", *American Journal of Preventive Medicine* 35 (3), pp. 272-277.

Kelman, H. C. , Bailyn, L. , 1962, "Effects of cross-cultural experience on national images: A study of Scandinavian students in America", *Journal of Conflict Resolution* 6 (4), pp. 319-334.

Kihlstrom, J. F. , Beer, J. S. , Klein, S. B. , 2003, "Self and identity as memory", *Handbook of Self and Identity*, edited by Leary, M. , Tagney, J. (New York: The Guilford Press).

Kim, H. , Markus, H. R. , 1999, "Deviance or uniqueness, harmony or conformity? A cultural analysis", *Journal of Personality and Social Psychology* 77 (4), pp. 785-800.

Kinnvall, C. , 2004, "Globalization and religious nationalism: Self, identity, and the search for ontological security", *Political Psychology* 25 (5), pp. 741-767.

Klein, C. T. F. , Helweg-Larsen, M. , 2002, "Perceived control and the optimistic bias: A meta-analytic review", *Psychology and Health* 17 (4), pp. 437-446.

Klein, J. G. , Ettenson, R. , Morris, M. D. , 1998, "The animosity model of foreign product purchase: An empirical test in the People's Republic of China", *Journal of Marketing* 62 (1), pp. 89-100.

Klein, S. B. , 2001, "A self to remember: A cognitive neuropsychological perspective on how self creates memory and memory creates self", *Individual Self*,

Relational Self and Collective Self, edited by Sedikides, C. , Brewer, M. B. (London: Psychology Press).

Klen, T. , 1997, "Personal protectors and working behaviour of loggers", *Safety Science* 25 (1-3), pp. 89-103.

Koskinen, V. , Ylilahti, M. , Wilska, T. A. , 2017, " ' Healthy to heaven ' —Middle-agers looking ahead in the context of wellness consumption", *Journal of Aging Studies* 40, pp. 36-43.

Kristofferson, K. , Mcferran, B. , Morales, A. C. , et al. , 2016, "The dark side of scarcity promotions: How exposure to limited-quantity promotions can induce aggression", *Journal of Consumer Research* 43 (5), pp. 683-706.

Kuenzel, J. , Musters, P. , 2007, "Social interaction and low involvement products", *Journal of Business Research* 60 (8), pp. 876-883.

Kumar, A. , Gilovich, T. , 2015, "Some ' thing ' to talk about? Differential story utility from experiential and material purchases", *Personality and Social Psychology Bulletin* 41 (10), pp. 1-12.

Kumar, A. , Gilovich, T. , 2016, "To do or to have, now or later? The preferred consumption profiles of material and experiential purchases", *Journal of Consumer Psychology* 26 (2), pp. 169-178.

Kumar, A. , Killingsworth, M. A. , Gilovich, T. , 2014, "Waiting for merlot: Anticipatory consumption of experiential and material purchases", *Psychological Science* 25 (10), pp. 1924-1931.

Lakin, J. L. , Jefferis, V. E. , Cheng, C. M. , et al. , 2003, "The chameleon effect as social glue: Evidence for the evolutionary significance of nonconscious mimicry", *Journal of Nonverbal Behavior* 27 (3), pp. 145-162.

Lang, M. , Krátký, J. , Shaver, J. H. , Jerotijević, D. , Xygalatas, D. , 2015, "Effects of anxiety on spontaneous ritualized behavior", *Current Biology* 25 (14), pp. 1892-1897.

Lange, P. A. M. , Kruglanski, A. W. , Higgins, E. T. , 2012, *Handbook of Theories of Social Psychology* (US: SAGE).

Langer, E. J. , Rodin, J. , 1976, "The effects of choice and enhanced personal responsibility for the aged: A field experiment in an institutional setting", *Journal of Personality and Social Psychology* 34 (2), pp. 191-198.

Lascu, D. N. , Zinkhan, G. , 1999, "Consumer conformity: Review and applications for marketing theory and practice", *The Journal of Marketing Theory and Practice* 7 (3), pp. 1-12.

Laurin, K. , Fitzsimons, G. M. , Kay, A. C. , 2011, "Social disadvantage and the self-regulatory function of justice beliefs", *Journal of Personality and Social Psychology* 100 (1), pp. 149-171.

Lee, J. C. , Hall, D. L. , Wood, W. , 2018, "Experiential or material purchases? Social class determines purchase happiness", *Psychological Science* 29 (7), pp. 1031-1039.

Lerner, M. J. , 1980, *The Belief in a Just World* (US: Springer).

Levy, S. R. , Stroessner, S. J. , Dweck, C. S. , 1998, "Stereotype formation and endorsement: The role of implicit theories", *Journal of Personality and Social Psychology* 74 (6), pp. 1421-1436.

Li, M. , 1996, *The Demand for Medical Care : Evidence from Urban Areas in Bolivia* (Washington, D. C. : The World Bank).

Linde, T. F. , Patterson, C. H. , 1964, "Influence of orthopedic disability on conformity behavior", *Journal of Abnormal Psychology* 68 (1), pp. 115-118.

Liu, J. , Smeesters, D. , 2010, "Have you seen the news today? The effect of death-related media contexts on brand preferences", *Journal of Marketing Research* 47 (2), pp. 251-262.

Lloyd, C. S. , Klinteberg, B. A. , DeMarinis, V. , 2017, "An assessment of existential worldview function among young women at risk for depression and anxiety—A multi-method study", *Archive for the Psychology of Religion* 39 (2), pp. 165-203.

Lohm, D. , Davis, M. , Flowers, P. , Stephenson, N. , 2015, " 'Fuzzy' virus: Indeterminate influenza biology, diagnosis and surveillance in the risk ontologies of the general public in time of pandemics", *Health, Risk & Society* 17 (2), pp. 115-131.

Lynn, M., 1989, "Scarcity effects on desirability: Mediated by assumed expensiveness", *Journal of Economic Psychology* 10 (2), pp. 257-274.

Lynn, M., 2010, "Scarcity effects on value: A quantitative review of the commodity theory literature", *Psychology and Marketing* 8 (1), pp. 43-57.

Lynn, M., Bogert, P., 2010, "The effect of scarcity on anticipated price appreciation", *Journal of Applied Social Psychology* 26 (22), pp. 1978-1984.

Lynn, M., Harris, J., 1997, "Individual differences in the pursuit of self-uniqueness through consumption", *Journal of Applied Social Psychology* 27 (21), pp. 1861-1883.

Maghsoudi, A., Zailani, S., Ramayah, T., et al., 2018, "Coordination of efforts in disaster relief supply chains: The moderating role of resource scarcity and redundancy", *International Journal of Logistics Research and Applications* 21 (4), pp. 407-430.

Maheswaran, D., Agrawal, N., 2004, "Motivational and cultural variations in mortality salience effects: Contemplations on terror management theory and consumer behavior", *Journal of Consumer Psychology* 14 (3), pp. 213-218.

Mandel, N., Heine, S. J., 1999, "Terror management and marketing: He who dies with the most toys wins", *Advances in Consumer Research* 26 (1), pp. 527-532.

Mandel, N., Rucker, D. D., Levav, J., et al., 2017, "The compensatory consumer behavior model: How self-discrepancies drive consumer behavior", *Journal of Consumer Psychology* 27 (1), pp. 133-146.

Mandel, N., Smeesters, D., 2008, "The sweet escape: Effects of mortality salience on consumption quantities for high-and low-self-esteem consumers", *Journal of Consumer Research* 35 (2), pp. 309-323.

Mann, L., 1981, "The baiting crowd in episodes of threatened suicide", *Journal of Personality and Social Psychology* 41 (4), pp. 703-709.

Markman, K. D. , Proulx, T. , Lindberg, M. J. , 2012, *The Psychology of Meaning* (*Washington*, D. C. : American Psychological Association).

Marple, C. H. , 1933, "The Comparative susceptibility of three age levels to the suggestion of group versus expert opinion", *Journal of Social Psychology* 4 (2), pp. 176-186.

Martin, A. , 2007, "Did McDonald's give in to temptation?", *New York Times* 7 (22), BU6.

Martin, B. A. S. , Veer, E. , Pervan, S. J. , 2007, "Self-referencing and consumer evaluations of larger-sized female models: A weight locus of control perspective", *Marketing Letters* 18 (3), pp. 197-209.

Maslow, A. , 1968, *Towards a Psychology of Being* (New York: Van Nostrand).

McCabe, S. , Arndt, J. , Goldenberg, J. L. , et al. , 2014, "The effect of visualizing healthy eaters and mortality reminders on nutritious grocery purchases: An integrative terror management and prototype willingness analysis", *Health Psychology* 34 (3), pp. 279-282.

McNeely, C. , Falci, C. , 2004, "School connectedness and the transition into and out of health-risk behavior among adolescents: A comparison of social belonging and teacher support", *Journal of School Health* 74 (7), pp. 284-292.

Mead, N. L. , Baumeister, R. F. , Stillman, T. F. , et al. , 2011, "Social exclusion causes people to spend and consume strategically in the service of affiliation", *Journal of Consumer Research* 37 (5), pp. 902-919.

Mearns, K. , Flin, R. , Gordon, R. , et al. , 1998, "Measuring safety climate on offshore installations", *Work and Stress* 12 (3), pp. 238-254.

Mendes, W. B. , Blascovich, J. , Hunter, S. B. , Lickel, B. , Jost, J. T. , 2007, "Threatened by the unexpected: Physiological responses during social interactions with expectancy-violating partners", *Journal of Personality and Social Psychology* 92 (4), pp. 698-716.

Mikulincer, M. , Florian, V. , Hirschberger, G. , 2003, "The existential function of close relationships: Introducing death into the science of love", *Personality and Social Psychology Review* 7 (1), pp. 20-40.

Mitchell, T. R., Thompson, L., Peterson, E., et al., 1997, "Temporal adjustments in the evaluation of events: The 'rosy view' ", *Journal of Experimental Social Psychology* 33 (4), pp. 421-448.

Mittal, C., Griskevicius, V., 2016, "Silver spoons and platinum plans: How childhood environment affects adult healthcare decisions", *Journal of Consumer Research* 43 (4), pp. 636-656.

Mitzen, J., 2018, "Feeling at home in Europe: Migration, ontological security, and the political psychology of EU bordering", *Political Psychology* 39 (6), pp. 1373-1387.

Mocan, H. N., Tekin, E., Zax, J. S., 2004, "The demand for medical care in urban china", *World Development* 32 (2), pp. 289-304.

Moore, D., Small, D., 2008, "When it is rational for the majority to believe that they are better than average", *Rationality and Social Responsibility: Essays in Honor of Robyn Mason Dawes*, edited by Krueger, J. I. (New York: Psychology Press).

Morrongiello, B. A., Walpole, B., Lasenby, J., 2007, "Understanding children's injury-risk behavior: Wearing safety gear can lead to increased risk taking", *Accident Analysis and Prevention* 39 (3), pp. 618-623.

Mullainathan, S., Shafir, E., 2013, *Scarcity: Why Having Too Little Means So Much* (New York: Times Books).

Mullen, B., 1986, "Stuttering, audience size, and the other-total ratio: A self-attention perspective", *Journal of Applied Social Psychology* 16 (2), pp. 139-149.

Mullen, J., 2004, "Investigating factors that influence individual safety behavior at work", *Journal of Safety Research* 35 (3), pp. 275-285.

Nelson, L. J., Moore, D. L., Olivetti, J., et al., 1997, "General and personal mortality salience and nationalistic bias", *Personality and Social Psychology*

Bulletin 23 (8), pp. 884-892.

Newton, J., 2008, "Emotional attachment to home and security for permanent residents in caravan parks in Melbourne", *Journal of Sociology* 44 (3), pp. 219-232.

Nichols, B. S., 2012, "The development, validation, and implications of a measure of consumer competitive arousal (CCAr)", *Journal of Economic Psychology* 33 (1), pp. 192-205.

Nicolao, L., Irwin, J. R., Goodman, J. K., 2009, "Happiness for sale: Do experiential purchases make consumers happier than material purchases?", *Journal of Consumer Research* 36 (2), pp. 188-198.

Nilsson, M., Tesfahuney, M., 2017, "The post-secular tourist: Rethinking pilgrimage tourism", *Tourist Studies* 18 (2), pp. 159-176.

Norton, M. I., Gino, F., 2014, "Rituals alleviate grieving for loved ones, lovers, and lotteries", *Journal of Experimental Psychology: General* 143 (1), pp. 266-272.

Nussbaum, A. D., Dweck, C. S., 2008, "Defensiveness versus remediation: Self-theories and modes of self-esteem maintenance", *Personality and Social Psychology Bulletin* 34 (5), pp. 599-612.

Oshikawa, S., 1968, "Theory of cognitive dissonance and experimental research", *Journal of Marketing Research* 5 (4), pp. 429-430.

Padgett, D. K., 2007, "There's no place like (a) home: Ontological security among persons with serious mental illness in the United States", *Social Science & Medicine* 64 (9), pp. 1925-1936.

Pan, X., Dresner, M., Mantin, B., et al., 2020, "Pre-hurricane consumer stockpiling and post-hurricane product availability: Empirical evidence from natural experiments", *Production and Operations Management* 29 (10), pp. 2350-2380.

Park, C. W., Lessig, V. P., 1977, "Students and housewives: Differences in susceptibility to reference group influence", *Journal of Consumer Research* 4 (2), pp. 102-110.

Park, J. K. , John, D. R. , 2010, "Got to get you into my life: Do brand personalities rub off on consumers?", *Journal of Consumer Research* 37 (4), pp. 655–669.

Park, L. E. , Maner, J. K. , 2009, "Does self-threat promote social connection? The role of self-esteem and contingencies of self-worth", *Journal of Personality and Social Psychology* 96 (1), pp. 203–217.

Perloff, L. S. , Fetzer, B. K. , 1986, "Self-other judgments and perceived vulnerability to victimization", *Journal of Personality and Social Psychology* 50 (3), pp. 502–510.

Perreault, K. , Riva, M. , Dufresne, P. , Fletcher, C. , 2019, "Overcrowding and sense of home in the Canadian Arctic", *Housing Studies* 35 (2), pp. 353–375.

Perry, P. , 2007, "White universal identity as a 'sense of group position'", *Symbolic Interaction* 30 (3), pp. 375–393.

Phipps, M. , Ozanne, J. L. , 2017, "Routines disrupted: Reestablishing security through practice alignment", *Journal of Consumer Research* 44 (2), pp. 361–380.

Pickett, C. L. , Gardner, W. L. , Knowles, M. , 2004, "Getting a cue: The need to belong and enhanced sensitivity to social cues", *Personality and Social Psychology Bulletin* 30 (9), pp. 1095–1107.

Polman, E. , 2010, "Information distortion in self-other decision making", *Journal of Experimental Social Psychology* 46 (2), pp. 432–435.

Preusser, D. F. , Ferguson, S. A. , Williams, A. F. , 1998, "The effect of teenage passengers on the fatal crash risk of teenage drivers", *Accident Analysis and Prevention* 30 (2), pp. 217–222.

Proulx, T. , Heine, S. J. , 2006, "Death and black diamonds: Meaning, mortality, and the meaning maintenance model", *Psychological Inquiry* 17 (4), pp. 309–318.

Proulx, T. , Inzlicht, M. , 2012, "The five 'A' s of meaning maintenance:

Finding meaning in the theories of sense-making", *Psychological Inquiry* 23 (4), pp. 317-335.

Proulx, T., Inzlicht, M., Harmon-Jones, E., 2012, "Understanding all inconsistency compensation as a palliative response to violated expectations", *Trends in Cognitive Sciences* 16 (5), pp. 285-291.

Pyszczynski, T., Abdollahi, A., Solomon, S., Greenberg, J., Cohen, F., Weise, D., 2006, "Mortality salience, martyrdom, and military might: The great satan versus the axis of evil", *Personality and Social Psychology Bulletin* 32 (4), pp. 525-537.

Pyszczynski, T., Greenberg, J., Solomon, S., 1999, "A dual-process model of defense against conscious and unconscious death-related thoughts: An extension of terror management theory", *Psychological Review* 106 (4), pp. 835-845.

Pyszczynski, T., Greenberg, J., Solomon, S., et al., 2004, "Why do people need self-esteem? A theoretical and empirical review", *Psychological Bulletin* 130 (3), pp. 435-468.

Qiu, P., 2010, "Defensive reactions to self threat in cnsumption: The moderating role of affirmation", University of Manitoba.

Rhodes, T., 1997, "Risk theory in epidemic times: Sex, drugs and the social organization of 'risk behaviour'", *Sociology of Health and Illness* 19 (2), pp. 208-227.

Richins, M. L., 2011, "Materialism, transformation expectations, and spending: Implications for credit use", *Journal of Public Policy and Marketing* 30 (2), pp. 141-156.

Richins, M. L., Dawson, S., 1992, "A consumer values orientation for materialism and its measurement: Scale development and validation", *Journal of Consumer Research* 19 (3), pp. 303-316.

Ring, P. J., 2005, "Security in pension provision: A critical analysis of UK government policy", *Journal of Social Policy* 34 (3), pp. 343-363.

Rogers, C. R., 1980, *A Way of Being* (Boston: Houghton Mifflin).

Romanoff, B. D. , Thompson, B. E. , 2006, "Meaning construction in palliative care: The use of narrative, ritual, and the expressive arts", *American Journal of Hospice and Palliative Medicine* 23 (4), pp. 309–316.

Romero, M. , Biswas, D. , 2016, "Healthy-left, unhealthy-right: Can displaying healthy items to the left (versus right) of unhealthy items nudge healthier choices?", *Journal of Consumer Research* 43 (1), pp. 103–112.

Rook, D. W. , 1985, "The ritual dimension of consumer behavior", *Journal of Consumer Research* 12 (3), pp. 251–264.

Rose, R. L. , Bearden, W. O. , Teel, J. E. , 1992, "An attributional analysis of resistance to group pressure regarding illicit drug and alcohol consumption", *Journal of Consumer Research* 19 (1), pp. 1–13.

Rosenberg, A. , Keene, D. E. , Schlesinger, P. , Groves, A. K. , Blankenship, K. M. , 2021, " 'I don't know what home feels like anymore': Residential spaces and the absence of ontological security for people returning from incarceration", *Social Science & Medicine* 272, p. 113734.

Rosenberg, L. , 1961, "Group size, prior experience, and conformity", *Journal of Abnormal and Social Psychology* 63 (2), p. 436.

Rosenberg, M. , 1965, *The Measurement of Self-esteem , Society and the Adolescent Self-image* (Princeton).

Rosenblatt, A. , Greenberg, J. , Solomon, S. , et al. , 1989, "Evidence for terror management theory: The effects of mortality salience on reactions to those who violate or uphold cultural values", *Journal of Personality and Social Psychology* 57 (4), pp. 681–690.

Ross, L. B. G. , Hoffman, S. , 1976, "The role of attribution processes in conformity and dissent: Revisiting the Asch situation", *American Psychologist* 31 (2), pp. 148–157.

Routledge, C. , Arndt, J. , Goldenberg, J. L. , 2004, "A time to tan: Proximal and distal effects of mortality salience on sun exposure intentions", *Personality and Social Psychology Bulletin* 30 (10), pp. 1347–1358.

Routledge, C. , Arndt, J. , Sedikides, C. , et al. , 2008, "A blast from the past: The terror management function of nostalgia", *Journal of Experimental Social Psychology* 44 (1), pp. 132-140.

Rucker, D. D. , Galinsky, A. D. , 2008, "Desire to acquire: Powerlessness and compensatory consumption", *Journal of Consumer Research* 35 (2), pp. 257-267.

Rudert, S. C. , Reutner, L. , Walker, M. , et al. , 2015, "An unscathed past in the face of death: Mortality salience reduces individuals' regrets", *Journal of Experimental Social Psychology* 58, pp. 34-41.

Rudich, E. A. , Vallacher, R. R. , 1999, "To belong or to self-enhance? Motivational bases for choosing interaction partners", *Personality and Social Psychology Bulletin* 25 (11), pp. 1387-1404.

Ruthig, J. C. , Chipperfield, J. G. , Perry, R. P. , et al. , 2007, "Comparative risk and perceived control: Implications for psychological and physical well-being among older adults", *Journal of Social Psychology* 147 (4), pp. 345-369.

Rutjens, B. T. , Van Harreveld, F. , Joop, V. D. P. , et al. , 2013, "Steps, stages, and structure: Finding compensatory order in scientific theories", *Journal of Experimental Psychology : General* 142 (2), pp. 313-318.

Ruvio, A. , Shoham, A. , Brencic, M. M. , 2008, "Consumers' need for uniqueness: Short-form scale development and cross-cultural validation ", *International Marketing Review* 25 (1), pp. 33-53.

Salisbury, L. C. , Nenkov, G. Y. , 2016, "Solving the annuity puzzle: The role of mortality salience in retirement savings decumulation decisions", *Journal of Consumer Psychology* 26 (3), pp. 417-425.

Sarason, B. R. , Pierce, G. R. , Shearin, E. N. , et al. , 1991, "Perceived social support and working models of self and actual others", *Journal of Personality and Social Psychology* 60 (2), pp. 273-287.

Sarkar, S. , Andreas, M. , 2004, "Acceptance of and engagement in risky driving behaviors by teenagers", *Adolescence* 39 (156), pp. 687-700.

Schindler, R. M., 1998, "Consequences of perceiving oneself as responsible for obtaining a discount: Evidence for smart-shopper feelings", *Journal of Consumer Psychology* 7 (4), pp. 371-392.

Schmitt, B., Brakus, J. J., Zarantonello, L., 2015, "From experiential psychology to consumer experience", *Journal of Consumer Psychology* 25 (1), pp. 166-171.

Schroeder, J., Risen, J. L., Gino, F., Norton, M. I., 2019, "Hand-shaking promotes deal-making by signaling cooperative intent", *Journal of Personality and Social Psychology* 116 (5), pp. 743-768.

Schütze, C., 2021, "Ontological security in times of global transformations? Bureaucrats' perceptions on organizational work life and migration", *Political Psychology* 43 (1), pp. 3-21.

Schultz, K. S., Kleine, R. E., Allen, C. T., 1995, "How is a possession 'me' or 'not me'? Characterizing types and an antecedent of material possession attachment", *Journal of Consumer Research* 22 (3), pp. 327-343.

Schunk, D. H., 1983, "Ability versus effort attributional feedback: Differential effects on self-efficacy and achievement", *Journal of Educational Psychology* 75 (6), pp. 848-856.

Schwartz, B., 2004, *The Paradox of Choice: Why More Is Less* (New York: Harper Collins).

Schwartz, B., Ward, A., Monterosso, J., et al., 2002, "Maximizing versus satisficing: Happiness is a matter of choice", *Journal of Personality and Social Psychology* 83 (5), pp. 1178-1197.

Scitovsky, T., 1992, *The Joyless Economy: The Psychology of Human Satisfaction* (Oxford: Oxford University Press).

Seehusen, J., Cordaro, F., Wildschut, T., et al., 2013, "Individual differences in nostalgia proneness: The integrating role of the need to belong", *Personality and Individual Differences* 55 (8), pp. 904-908.

Sezer, O. , Norton, M. I. , Gino, F. , Vohs, K. D. , 2016, "Family rituals improve the holidays", *Journal of the Association for Consumer Research* 1 (4), pp. 509-526.

Shackman, A. J. , Salomons, T. V. , Slagter, H. A. , Fox, A. S. , Winter, J. J. , Davidson, R. J. , 2011, "The integration of negative affect, pain and cognitive control in the cingulate cortex", *Nature Reviews Neuroscience* 12 (3), pp. 154-167.

Sharma, E. , Alter, A. L. , 2012, "Financial deprivation prompts consumers to seek scarce goods", *Journal of Consumer Research* 39 (3), pp. 545-560.

Sheeran, P. , Harris, P. R. , Epton, T. , 2014, "Does heightening risk appraisals change people's intentions and behavior? A meta-analysis of experimental studies", *Psychological Bulletin* 140 (2), pp. 511-543.

Sherman, D. A. K. , Nelson, L. D. , Steele, C. M. , 2000, " Do messages about health risks threaten the self? Increasing the acceptance of threatening health messages via self-affirmation ", *Personality and Social Psychology Bulletin* 26 (9), pp. 1046-1058.

Sheu, J. B. , Kuo, H. T. , 2020, "Dual speculative hoarding: A wholesaler-retailer channel behavioral phenomenon behind potential natural hazard threats", *International Journal of Disaster Risk Reduction* 44, p. 101430.

Siehl, C. , Bowen, D. E. , Pearson, C. M. , 1992, "Service encounters as rites of integration: An information processing model", *Organization Science* 3 (4), pp. 537-555.

Sitkin, S. B. , Pablo, A. L. , 1992, "Reconceptualizing the determinants of risk behavior", *Academy of Management Review* 17 (1), pp. 9-38.

Skinner, E. A. , 1995, "Perceived control, motivation, and coping", *In the Individual Differences and Development Series*, edited by Eysenck, H. J. (New York: Sage Publications).

Skitka, L. J. , Maslach, C. , 1996, "Gender as schematic category: A role construct approach ", *Social Behavior and Personality : An International*

Journal 24 (1), pp. 53−73.

Slovic, P., 1987, "Perception of risk", *Science* 236 (4799), pp. 280−285.

Slovic, P., Fischhoff, B., Lichtenstein, S., et al., 1977, "Preference for insuring against probable small losses: Insurance implications", *Journal of Risk and Insurance* 44 (7), pp. 237−258.

Snyder, C. R., Fromkin, H. L., 1977, "Abnormality as a positive characteristic: The development and validation of a scale measuring need for uniqueness", *Journal of Abnormal Psychology* 86 (5), pp. 518−527.

Sterman, J. D., Dogan, G., 2015, " 'I'm not hoarding, I'm just stocking up before the hoarders get here. ' Behavioral causes of phantom ordering in supply chains", *Journal of Operations Management* 39, pp. 6−22.

Stonehouse, D., Threlkeld, G., Theobald, J., 2020, "Homeless pathways and the struggle for ontological security", *Housing Studies* 36 (7), pp. 1047−1066.

Taylor, S. E., 1983, "Adjustment to threatening events: A theory of cognitive adaptation", *American Psychologist* 38 (11), pp. 1161−1173.

Tedeschi, J. T., Norman, N., 1985, "Social power, self-presentation, and the self", *The Self and Social Life*, edited by Schlenker, B. R. (New York: McGraw-Hill).

Thomas, R., Millar, M., 2013, "The effects of material and experiential discretionary purchases on consumer happiness: Moderators and mediators", *Journal of Psychology* 147 (4), pp. 345−356.

Tian, A. D., Schroeder, J., Häubl, G., Risen, J. L., Norton, M. I., Gino, F., 2018, "Enacting rituals to improve self-control", *Journal of Personality and Social Psychology* 114 (6), pp. 851−876.

Tian, K. T., Bearden, W. O., Hunter, G. L., 2001, "Consumers' need for uniqueness: Scale development and validation", *Journal of Consumer Research* 28 (1), pp. 50−66.

Tinson, J., Nuttall, P., 2010, "Exploring appropriation of global cultural rituals", *Journal of Marketing Management* 26 (11-12), pp. 1074-1090.

Torelli, C. J., 2006, "Individuality or conformity? The effect of independent and interdependent self-concepts on public judgments", *Journal of Consumer Psychology* 16 (3), pp. 240-248.

Tu, Y., Fishbach, A., 2015, "Words speak louder: Conforming to preferences more than actions", *Journal of Personality and Social Psychology* 109 (2), pp. 193-209.

Tully, S. M., Hershfield, H. E., Meyvis, T., 2015, "Seeking lasting enjoyment with limited money: Financial constraints increase preference for material goods over experiences", *Journal of Consumer Research* 42 (1), pp. 59-75.

Van Boven, L., Campbell, M. C., Gilovich, T., 2010, "Stigmatizing materialism: On stereotypes and impressions of materialistic and experiential pursuits", *Personality and Social Psychology Bulletin* 36 (4), pp. 551-563.

Van Boven, L., Gilovich, T., 2003, "To do or to have? That is the question", *Journal of Personality and Social Psychology* 85 (6), pp. 1193-1202.

Van Prooijen, J. W., Acker, M., 2015, "The influence of control on belief in conspiracy theories: Conceptual and applied extensions", *Applied Cognitive Psychology* 29 (5), pp. 753-761.

Vaquera, E., Aranda, E., Sousa-Rodriguez, I., 2017, "Emotional challenges of undocumented young adults: Ontological security, emotional capital, and well-being", *Social Problems* 64 (2), pp. 298-314.

Verhallen, T. M. M., Robben, H. S. J., 2004, "Scarcity and preference: An experiment on unavailability and product evaluation", *Journal of Economic Psychology* 15 (2), pp. 315-331.

Vernero, F., Montanari, R., 2007, "Risk management persuasive technologies: The case of a technologically advanced, high-risk chemical plant", *Psychology Journal* 5 (3), pp. 285-297.

Vohs, K. D., Wang, Y., Gino, F., Norton, M. I., 2013, "Rituals enhance consumption", *Psychological Science* 24 (9), pp. 1714-1721.

Wagstaff, A., 1993, "The demand for health: An empirical reformulation of the Grossman model", *Health Economics* 2 (2), pp. 189-198.

Wang, C. S., Whitson, J. A., Menon, T., 2012, "Culture, control, and illusory pattern perception", *Social Psychological and Personality Science* 3 (5), pp. 630-638.

Wang, X., Sun, Y., Kramer, T., 2021, "Ritualistic Consumption Decreases Loneliness by Increasing Meaning", *Journal of Marketing Research* 58 (2), pp. 282-298.

Wang, Z., Liu, X., Zhang, S., 2019, "A new decision method for public opinion crisis with the intervention of risk perception of the public", *Complexity* (5), pp. 1-14.

Weiner, B., 1972a, "Attribution theory, achievement motivation, and the educational process", *Review of Educational Research* 42 (2), pp. 203-215.

Weiner, B., 1972b, *Theories of Motivation: From Mechanism to Cognition* (Oxford: Markham).

Weller, J. A., Shackleford, C., Dieckmann, N., et al., 2013, "Possession attachment predicts cell phone use while driving", *Health Psychology* 32 (4), pp. 379-387.

Weyman, A., Kelly, C. J., 1999, *Risk perception and risk communication: A Review of Literature* (London: Health and Safety Executive).

Wicklund, C. R. A., 1980, "Consumer behavior and psychological reactance", *Journal of Consumer Research* 6 (4), pp. 389-405.

Wiegel, H., Warner, J., Boas, I., Lamers, M., 2021, "Safe from what? Understanding environmental non-migration in Chilean Patagonia through ontological security and risk perceptions", *Regional Environmental Change* 21 (2), p. 43.

Wilcox, K., Vallen, B., Block, L., et al., 2009, "Vicarious Goal Fulfillment: When the mere presence of a healthy option leads to an ironically indulgent decision", *Journal of Consumer Research* 36 (3), pp. 380-393.

Wilde, G. J. S., 1994, "Target risk: Dealing with the danger of death, disease and damage in everyday decisions", *Toronto: PDE Publications* 4 (2), pp. 162–163.

Williams, K. D., Sommer, K. L., 1997, "Social ostracism by coworkers: Does rejection lead to loafing or compensation?", *Personality and Social Psychology Bulletin* 23 (7), pp. 693–706.

Wisman, A., Koole, S. L., 2003, "Hiding in the crowd: Can mortality salience promote affiliation with others who oppose one's worldviews?", *Journal of Personality and Social Psyhology* 84 (3), pp. 511–526.

Wu, W. Y., Lu, H. Y., Wu, Y. Y., et al., 2012, "The effects of product scarcity and consumers' need for uniqueness on purchase intention", *International Journal of Consumer Studies* 36 (3), pp. 263–274.

Yang, Q., Huo, J., Xi, Y., 2021, "Exploring the risk-taking tendency among migrant workers in the COVID‑19 pandemic: The role of ontological security", *Work* 68 (2), pp. 269–283.

Yang, Y., Li, O., Peng, X., et al., 2020, "Consumption trends during the COVID‑19 crisis: How awe, coping, and social norms drive Utilitarian purchases", *Frontiers in Psychology* 11, p. 588580.

Yates, J. F., Stone, E. R., 1992, "The risk construct", *Risk-taking Behavior*, edited by Frank, J. Y. (New York: John Wiley and Son Inc).

Zhao, T., Song, W., Jin, X., et al., 2020, "Hedonism or self-growth? The influence of perceived control on individual product preferences for individuals under self-threat", *Asia Pacific Journal of Marketing and Logistics* 32 (6), pp. 1343–1361.

Zhou, X., Vohs, K. D., Baumeister, R. F., 2009, "The symbolic power of money", *Psychological Science* 20 (6), pp. 700–706.

Zhukova, E., 2016, "From ontological security to cultural trauma: The case of Chernobyl in Belarus and Ukraine", *Acta Sociologica* 59 (4), pp. 332–346.

索 引

B

保护动机理论　40

本体安全感　1～24，26，28，30，
32，34，36，38，40，42，44，
46，48～50，52，54，56，58，
60，62～64，66，68，70～166，
168，170，172，174，176，178，
180，182，184，186，188，190，
192，194，196，198

补偿控制理论　3，11，22，34～37，
44，80，87，159

C

从众消费　3，5，7，9，11，51～
53，68，71～87，159，166

D

独特性需求理论　91，92

F

防御性应对　163

放纵性消费　26

风险感知理论　3，11，22，39，
129，159

风险平衡理论　40

G

惯例型仪式感消费　144～146，155～
157

规范性从众消费　52，53，72，79，
81，82，87

归属需求　16，31～33，51，64，
65，68，124，126，128～133

归因理论　72，74，166

J

健康消费　3，5，8，9，11，51，55，
56，68，104～119，159，164，166～
168

K

恐惧管理理论　3，11，14，22～25，
27～33，44，95，96，103，111，
118，159

恐惧管理理论的双重加工模型　24，27

控制感 3, 11, 26, 34~38, 51, 57, 58, 68, 79~84, 86, 87, 112, 139, 141, 147, 150, 162, 168

L

领悟社会支持 32, 33, 51, 60~ 62, 68, 96, 97, 100~103

M

满意策略 122, 125
模仿理论 72, 74

N

内隐人格理论 145

P

品牌仪式 138, 139, 142, 167, 168

Q

情景合理性理论 41
情绪感染理论 72, 75
情绪聚焦应对 161, 162
群体规模 77, 80, 81, 83, 84, 87

R

人类信息加工双系统模型理论 124
认知失调理论 44, 46, 72

S

死亡凸显 13, 14, 24~26, 28, 29, 48, 112
商品理论 91, 92
社会角色理论 72, 73
实物消费 56, 120~128
顺应性应对 163

T

体验消费 3, 5, 8, 9, 11, 32, 51, 56, 57, 68, 120~135, 159, 165
突发事件 1~6, 9, 14, 17, 19, 35, 39, 43, 49, 62, 75, 94, 135, 143, 154, 159, 160, 167

W

文化世界观防御 14, 25
问题聚焦应对 161~163
物质主义 28, 30, 31, 51, 59, 60, 68, 91, 95~101, 103, 121, 166

X

习惯理论 41
稀缺 3, 5, 7, 9, 11, 31, 51, 53~ 55, 68, 88~103, 159, 161, 164, 166, 167
稀缺性消费 3, 5, 7, 9, 11, 31, 51, 53~55, 68, 88~103, 159

心理抗拒理论　91，92

心理适应型消费　164

信息性从众消费　52，53，72，79，81，82，87

新颖型仪式感消费　144~146，155~157

Y

意义维持模型　3，4，11，22，44~46，48，49，143，159，168

意义创造　150，151，156，157

意义维持　3，4，11，22，44~46，48，49，143~145，150，151，154~157，159，168

仪式　3，8~11，135~159，165，167，168

仪式感消费　3，8~11，135，137~139，141~159，165

仪式感增强　148，149，151，155

仪式感获取　148，149，151，155

仪式感灵敏　148，149，151，155

应对方式理论　161

预期后悔理论　91，93

Z

资源获取型消费　164

自尊　14，23~31，33，34，43，45，48，51，66~68，72，76，77，96，111~113，115~119，140，167

自尊防御　14，23，25，26，30，111

最大化策略　122，125

图书在版编目（CIP）数据

本体安全感与居民典型消费行为 / 宋伟著 . --北京：
社会科学文献出版社，2024.5
ISBN 978-7-5228-3560-0

Ⅰ.①本… Ⅱ.①宋… Ⅲ.①居民消费-消费者行为
论-研究-中国 Ⅳ.①F126.1

中国国家版本馆 CIP 数据核字（2024）第 080046 号

本体安全感与居民典型消费行为

著　　者 / 宋　伟

出 版 人 / 冀祥德
责任编辑 / 高　雁
文稿编辑 / 王红平
责任印制 / 王京美

出　　版 / 社会科学文献出版社·经济与管理分社（010）59367226
　　　　　　地址：北京市北三环中路甲 29 号院华龙大厦　邮编：100029
　　　　　　网址：www. ssap. com. cn
发　　行 / 社会科学文献出版社（010）59367028
印　　装 / 三河市龙林印务有限公司

规　　格 / 开　本：787mm×1092mm　1/16
　　　　　　印　张：14　字　数：215 千字
版　　次 / 2024 年 5 月第 1 版　2024 年 5 月第 1 次印刷
书　　号 / ISBN 978-7-5228-3560-0
定　　价 / 138.00 元

读者服务电话：4008918866